얼라이언스

1 NO CHIKARA WO 10 BAI NI SURU ALLIANCE SHIGOTOJYUTSU

ⓒ Carl Atsushi Hirano 2008

Originally published in Japan in 2008 by GOMA-BOOKS. Co. Ltd.

Korean translation rights arranged through TOHAN CORPORATION, TOKYO. ,

and ERIC YANG AGENCY, Seoul.

얼라이언스

나보다 **남을 키워라**

매일 열심히 일하지만 생각대로 잘 풀리지 않는다.

영업 실적이 저조하다.

주위의 인간관계가 원만치 못하다.

다른 회사로 옮겨야 할지 고민이 된다.

기업 제휴나 신규 사업을 시작하고 싶지만 여의치가 않다.

혹시 이런 문제로 고민하고 있지는 않은가?

니혼코교 은행에서 13년간 은행원으로 일하던 나는 서른다섯을 넘긴 시기에 IT에 대해서는 젬병인 채로 NTT도코모에 입사했다. 그리고 이런 고뇌에 직면했다. 그러나 어떤 방법을 마스터

하자 '아무도 해본 적이 없는 일'인 '신용카드 전자지갑 휴대전화'라는 거대한 사업을 실현할 수 있었다. 또 벤처 투자 사업으로는 약 4년 동안 투자한 십여 개 회사가 상장해 100억 엔이 넘는 이익을 올리는 쾌거를 달성했다. 그 방법이 바로 이 책에서 소개할 '얼라이언스'다.

편의점에서 물건을 살 때 우리는 지갑에서 돈을 꺼낸다. 만약 지갑에 돈이 부족하다면 현금 카드로 은행에서 돈을 인출한다. 또 DVD 대여점을 이용하려고 회원 카드를 만든다. 각 백화점에도 회원 카드가 있으며, 레스토랑이나 패스트푸드점, 의류 판매점, 음반 판매점 등에도 자신들만의 회원 카드가 있다. 이러다 보니 지갑은 온갖 카드로 불룩해진다. 그런데 이런 카드들을 모두 휴대전화 속에 담아 어디를 가든 휴대전화만 있으면 결제할 수 있다고 생각해보자. 또 지하철도 탈 수 있다. 이 얼마나 편리한 일인가?

이러한 편리함을 현실에서 가능케 한 것이 바로 '신용카드 전자지갑 휴대전화'다. 나는 이것을 개발한 후 독립해서 지금은 많은 회사에서 사외 이사와 고문으로 일하고 있고, 하버드 비즈니스 스쿨과 오키나와 대학 대학원에서 강의하고 있으며, 그밖에 강연과 컨설팅 등 폭넓은 활동을 펼치고 있다. 해외 언론에서도 나를 전자지갑 휴대전화의 신용카드 기능 발안자(Mastermind)로 소개하고 있다.

그런데…말이다.

앞에서도 말했듯이 사실 나는 입사 당시만 해도 휴대전화는 고사하고 IT에 관한 기술이나 지식이 전혀 없다고 해도 과언이 아니었다. 도코모에 들어간 뒤에는 기초 지식을 공부했지만 입사 당시에는 생초보였다. 그러면서도 '신용카드 전자지갑 휴대전화'를 만들어냈으니 꽤 괜찮은 아이디어맨이 아닌가? 천만의 말씀이다. 솔직히 말해서 누구나 '휴대전화 하나로 모든 결제를 해결할 수 있으면 좋겠다'라는 생각을 한 번쯤은 해봤을 것이다. 그런데 어떻게 내가 이 아이디어를 실현할 수 있었을까? 결론부터 말하자면 **'아이디어 속으로 많은 사람을 끌어들여 도움을 받았기 때문'**이라고 생각한다. 내가 지금과 같은 커리어를 쌓을 수 있었던 것도 사실은 모두 같은 이유였다.

이 책에서 알려주고자 하는 '얼라이언스'의 밑바탕에 흐르는 사고방식은, **'나한테 지식이 없다면 지식이 있는 사람에게 도움 받을 수 있는 사람이 되자'**는 것이다. 그러나 여러분이 단순히 "어떡하지? 어떡해야 하지?"라며 발만 동동 구른다면 아무도 여러분을 도와주려 하지 않을 것이다. '남들에게 도움을 받을 수 있는 사람'이 되려면 그 나름의 '노하우'와 '발상의 전환'이 필요하다. 그것은 '인맥을 만들어라' 라든가 '인격자가 되어라' 같은 단순한 이야기가 아니다. 굳이 인맥을 만들려고 아등바등하거나 죽을힘을 다해 자기계발을 할 필요가 없다. 사고방식을 바꾸고 이 책에서 소개하는 방법을 실천하기만 하면 된다.

실제로 성공한 사람들의 이야기를 들어보면 그들이 딱히 대단한 아이디어맨이라기보다는 그저 평범한 사람일 때가 많음을 알수 있다. 그런데도 그들이 성공할 수 있었던 커다란 요인은 하나같이 '많은 사람의 도움을 받았다'는 것이었다. 지금까지 여러분은 '유능한 사람이 되고 싶다'든가 '내 소망을 이루고 싶다' '성공하고 싶다'고 생각하며 자신에게 없는 능력을 열심히 갈고닦아왔을지도 모른다. 그러나 이 책을 읽는 동안에는 그런 생각을 모조리 버리기 바란다. **여러분은 그저 '남들의 도움을 받을 수 있는 사람'이 되기만 하면 그만이다. 그러면 여러분이 하지 못하는 일은 모두 여러분을 도와주고 싶어 하는 누군가가 해결해줄 것이다.** 그리고 여러분은 어느덧 자신의 소망을 모두 이룰 수 있을 것이다.

상상해보라. 그렇게 될 수 있다면 얼마나 멋질까?

바로 내게 그런 일이 일어났던 것이다. 그러니 여러분도 반드시 할 수 있다.

그러면 지금부터 그 방법을 자세히 살펴보자.

—히라노 아쓰시 칼

Chapter 1

얼라이언스가 여러분의 일과
인생을 바꾼다!
얼라이언스란 무엇인가?

과연 '얼라이언스'란 무엇인가?   '얼라이언스Alliance'는
동맹이나 연합을 뜻하는
말이다. 비즈니스에서는
처지가 다른 사람이나 단체가 그룹을 구성해 서로 협력한다는
데서 흔히 '기업 간의 제휴 또는 M&A'라는 어감으로 사용된다.

그러면 개인이 동맹을 맺는 경우를 생각해보자. 가령 여러분
의 회사가 환경 보호에 무관심한 회사라고 가정해보자. 그럴 때
다른 부서의 상사든 신입사원이든 상관없이 '환경 보호에 좀 더
관심을 기울여야 한다'고 생각하는 사람들을 모으면 '동맹 관
계'를 만들 수 있다. 그렇게 해서 많은 사람을 모아 회사의 윗사

람들에게 "이익뿐만 아니라 환경 보호에도 좀 더 신경을 써서 사회에 공헌하는 회사가 되어야 합니다"라고 건의할 수 있다면 혼자서 애쓸 때보다 훨씬 더 좋은 효과를 기대할 수 있을 것이다.

또 다른 예도 생각해보자. 여러분이 외국을 갔는데 때마침 우리나라에서는 팔지 않는 멋진 청바지를 발견했다. 이것을 통신 판매 같은 방식으로 우리나라에서 팔 수는 없을까? 외국 업체와의 교섭은 여러분이 한다고 하자. 그래도 그 다음에는 어떻게 해야 할지 난감하다. 아, 그러고 보니 대학 시절 친구 중에 상사商社에 다니는 애가 있었지? 전에 받은 연하장을 꺼내 연락을 해서는 "조금만 협력해주지 않겠나? 수입은 반반씩 나누세"라고 제안한다. 이제 또 뭐가 필요할까? 마케팅은… 영업부에 있는 그 친구라면 흥미를 보이지 않을까? 판매 방식은 역시 인터넷 통신 판매가 좋겠지. 그러면 누군가 웹을 잘 아는 사람이… 아, 아르바이트생 ○○씨와 상담을 해봐야겠군. 이런 식으로 만들어지는 관계도 '동맹 관계'다. 이렇게 해서 동맹 관계가 형성되면 머릿속에서만 머물던 작은 영감이 어엿한 비즈니스로 발전한다.

위에서 소개한 환경 보호와 인터넷 통신 판매 모두 **'혼자서는 불가능한 일'**을 **'다른 사람을 끌어들여 실현한 사례'**다. 그리고 이것이야말로 지금부터 이 책에서 설명할 '얼라이언스'

의 본질이다.

　그런데 잠깐 생각해보자. 환경 보호에 관한 회사의 관심을 높이기 위해 모인 사람들이나, 인터넷 통신 판매 사업을 시작하기 위해 모인 사람들이나, 모두 딱히 여러분과 사이가 좋은 것도 아니고 여러분의 열정적인 설득에 감동해 여러분의 편에 서게 된 것도 아니다. 그런 점에서 얼라이언스를 통한 관계는 어떤 물건을 팔기 위한 상대, 즉 상업상의 고객 관계와는 완전히 다르다. 그들이 모인 이유는 오로지 **목적하는 바의 방향성이 일치하며 그것이 자신에게도 이익이 되기 때문**이다. 그러나 방향성이 같다고 해도 관여하는 방식은 사람에 따라 천차만별이다. 가령 '환경보호추진동맹'에 협력한 타 부서의 상사는 "그러면 이름만 빌려주지"라고 했을지도 모른다. 한편 '통신판매동맹'에 협력한 아르바이트생은 "회사를 세우면 꼭 저를 사원으로 써주십시오"라는 조건을 달았을 수도 있다. 이러한 다양한 사정을 고려하면서 **냉담하기도 친밀하기도 한 인간관계를 효과적으로 조절하고 여러분 자신의 자기실현과 성장을 위해 상대방도 여러분을 활용하게끔 만드는 것이 '얼라이언스'**다. 그것이 얼마나 성공하느냐에 따라 '얼라이언스의 관계' 또한 유동적으로 변화한다.

예를 들어 환경에 관한 회사의 관심을 높이는 데 성공한 여러분은 상사에게 높은 평가를 받고 부하 사원들에게도 리더와 같은 존재로 떠오르게 될지 모른다. 그러면 얼라이언스의 규모는 더욱 커지며 나아가 또 다른 얼라이언스로 연결될 가능성도 있다. '통신판매동맹'이 사업에서 대성공을 거둬 회사를 세우게 되었을 때도 역시 '얼라이언스를 통한 관계'는 진화한다.

모두가 'Win−Win관계'를 유지하면서 얼라이언스에 관여한 모든 사람을 성장시키는 것이 '얼라이언스'다. 그렇기 때문에 '작은 능력' 밖에 없는 사람도 '커다란 성공'을 거둘 수 있게 되는 것이다.

'전자지갑 휴대전화' 탄생의 계기도 얼라이언스였다

내가 '전자지갑 휴대전화'로 성공할 수 있었던 까닭도 얼라이언스의 힘을 최대로 이용한 덕분이었다. 원래 '신용카드 전자지갑 휴대전화'라는 아이디어는 NTT도코모에 입사한 뒤 4년 동안 줄곧 생각하고 있었던 것이었다. 지갑 안이 포인트 카드와 음식점 할인 쿠폰, 각종 신용카드로 가득해 매일 필요한 것을 찾아내기도 힘들었기 때문이었다. 그러나 이것이 발상의 근원이기는 해도 내가 이런 생각을 제일 처음 했느냐 하면 사실 그건 좀 의심스럽다. 인터넷과 모바일 콘텐츠가 보급되던 시절부터 이런 모바일 신용 카드에 관한 아이디어는 'IT혁명' 이라는 이름으로 여기저기에서 나왔기 때문이다. 빌 게이츠도 언젠가는 컴퓨터를 작게 줄여서 지갑으로 만들고 싶다는 발언을 했다고 한다. 다만 나는 그 아이디어를 실현하기에 가장 적합한 도코모라는 장소에 있었을 뿐이었다.

　그리하여 그 아이디어를 회사에 제안했지만 역시 조직이 거대하다 보니 생각처럼 일이 풀리지 않았다. 같은 i모드 부서의 에노키 게이이치 상무(당시)와 나쓰노 다케시 부장(당시)만이 내 이야기에 관심을 보여줬을 뿐, 대부분은 '그런 건 실현 불가능이야' '통신 회사가 신용카드라니…' 라는 반응이었다. 이렇게 부정적인 반응이 많았던 이유는 사람들이 대부분 공사公社였던 NTT(일본전신전화) 출신이어서 신용카드 업무나 금융에 관심이 없었기 때문이 아닐까 생각한다. 또 당시는 지금같이 치열한 경쟁 환경이 아니었기 때문이기도 할 것이다. 그리고 1999년부터 시작된 i모드(i-mode, 이메일 송수신과 인터넷상의 웹사이트 열람이 가능한 서비스—옮긴이)가 세계적인 주목을 받을 정도로 성공을 거둔 것도 한 이유로 생각된다.

그래서 내가 사용한 방법이 '얼라이언스'였다. 물론 처음부터 얼라이언스를 의식적으로 사용한 것은 아니었고, 일단 '회사 안에서 안 된다면 회사 밖의 사람들과 상담을 해보자'고 생각했다. i모드의 경우 서비스 시작 초기부터 무엇인가 전략을 책정할 때는 반드시 보스턴 컨설팅 그룹(BCG)과 상담을 해왔다. 그래서 나는 우수한 컨설턴트인 미즈코시 유타카 현 BCG 일본 대표와 우치다 유키마사 상무이사에게 내 아이디어를 말하고 상담을 구했다. 또 당시도 세미나 등에 자주 불려 나가 연설을 했기 때문에 한 애널리스트에게도 상담을 요청했다.

"개인적인 의견인데, 만약 통신회사가 신용카드 사업을 한다면 어떻게 될까요?"

그러자 그는 "그거 재미있는 아이디어군요! 한번 생각해봐야 겠습니다"라고 대답했다. 이렇게 해서 '동맹'이 성립되었다. 뿐만 아니라 그는 곧바로 '통신회사가 신용카드 사업에 참여하면 어떻게 될까?'라는 주제의 보고서를 만들었다. 여기에는 솔직히 나도 놀랐다. 그리고 그 효과는 더욱 놀라웠다. 보스턴 컨설팅 그룹의 조언과 외부 애널리스트의 보고서가 제출되자 '신용카드 전자지갑 휴대전화'라는 아이디어가 순식간에 현실성을 띠기 시작한 것이다.

물론 실현되기까지의 과정은 길고도 험했다. **그 역경을 뛰어 넘기 위해서는 동맹자 몇 명을 구하는 것으로는 부족했다. 더 많은 사람들을 끌어들여 거대한 얼라이언스를 만들어 나 가야 했다.**

도코모, 소니, 미쓰이스미토모 같은 대기업을 개인의 힘으로 움직일 수 있었던 이유

나는 NTT도코모에 들어가기 전에 지금은 미즈호 그룹이 된 니혼코교 은행에 있었다. 지금은 사라졌지만 당시만 해도 니혼코교 은행은 미래를 약속받은 엘리트 기업이었다. 그런 기업에 있으면서 왜 도코모로 직장을 옮겼는지는 차차 설명하도록 하겠다. 어쨌든 나는 지인에게 정보를 얻어 남들과 똑같이 면접을 봤고 마침내 도코모에 입사했다. 그리고 신규 투자 프로젝트팀에 배속되었는데, 나중에는 'i모드'에 합류하게 되었다.

'i모드' 개발 초기에 이 부서에는 기술자들과 마쓰나가 마리로 대표되는 크리에이터, 내가 존경하는 나쓰노 다케시 부장(당시) 같은 정예들이 모여 있었다. 그러나 나는 그 중 어디에도 해당되지 못했다. 그런데도 '평범한 사람'인 내가 그곳으로 불려간 이유는 도코모에는 얼마 없는 금융 경험자였기 때문이 아닐까 한다. 그 경험은 업무 제휴, 즉 얼라이언스 분야에 도움이 되었다.

도코모에서 나는 처음에 경영 기획부에서 갓 분리된 '관련기업부'라는 곳에 배속되었다. 투자처를 관리하고 투자를 실시하는 곳이었다. 당시 아오키 겐이치 부장에게 "정해진 일은 없으니까 자신이 하고 싶은 일을 하게"라는 말을 들었을 때는 솔직히 이런 기분이 들었다. '이거 회사를 잘못 바꾼 건 아닐까? 연봉도 300만 엔이나 적은데. 하지만 그렇다고 이제 와서 다시 돌아갈 수도 없고… 큰일이군' 과장이라고는 해도 부하 직원이라고는 고작 1명밖에 없는 신세였지만, 좋은 상사를 만나 에노키 게이이치 씨와 마쓰나가 마리 씨, 나쓰노 다케시 씨를 소개받을 수 있었던 점은 커다란 행운이었다.

당시 'i모드'는 서비스를 시작한 지 3개월 정도 지난 상황이었는데, 가입자가 100만 명에 훨씬 못 미쳐 솔직히 성공이라고 평가하기는 조금 무리였다. 그러나 나쓰노 씨는 이미 다음 계획을 착착 구상하고 있었다. 미디어가 발전함에 따라 역시 도코모가 가지지 못한 노하우들이 점점 필요해졌는데, 그런 노하우를 얻으려면 다른 기업과 업무 제휴를 맺는 얼라이언스가 필요했다. 그런 이유로 나는 향후 i모드를 어떻게 성장시켜 나가야 할지 검토하는 'i모드 성장전략 프로젝트'의 일원이 되었다. 그리고 에노키 씨와 나쓰노 씨, 보스턴 컨설팅 그룹의 미즈코시 씨, 스기타 씨, 젊은 피인 나가즈마 씨, 도키타 씨 등과 매일같이 저녁 6시 이후에 햄버거로 식사를 때우며 늦은 밤까지 회의를 했다.

가령 i모드의 회원이 100만 명을 돌파하면 광고를 내자는 아이디어가 나왔는데, 이를 위해서는 광고 노하우가 있는 회사가 함께할 필요가 있었다. 그래서 광고 회사인 덴쓰의 호슈야마 씨와 검토를 거쳐 덴쓰와 도코모의 합병 회사인 'D2 커뮤니케이션'을 탄생시켰다. 그리고 그 후에도 수많은 얼라이언스를 진두지휘했는데, 그 내역을 소개하면 이렇다. 콘텐츠의 조언과 벤처 투자를 실시하는 '도코모 닷컴'. 편의점인 로손과의 합병 회사. 일본 코카콜라, 이토츄상사와 함께 휴대전화로 코카콜라를 살 수 있도록 만든 C모드 프로젝트. 후지TV, 니혼TV와의 제휴. 각 편의점과의 제휴. 소니와 라쿠텐, JR동일본 등과의 제휴. 타워레코드 매수. 그리고 미쓰이스미토모 카드(SMCC, Sumitomo Mitsui Card Company)에 대한 대형 투자 등이다.

이러한 대외 교섭 업무 속에서 나는 **기업과 기업의 얼라이언스도 결국은 사람과 사람의 얼라이언스임**을 확신했다. 프로젝트의 성공을 위해 가장 중요한 문제는 '어떤 기업과 얼라이언스를 맺을까?' 보다 **'그 기업의 누구와 함께 일할 것인가?'** 임을 깨달은 것이다. 미쓰이스미토모 카드에 약 1,000억 엔이라는 대형 출자를 하고 새로운 신용카드 브랜드인 'iD'를 만들었을 때, 제휴 회사인 미쓰이스미토모 은행의 부장이었던 모리카와 이쿠히코 씨가 내게 해준 말은 지금도 귓가에 생생하게 남아 있다.

"히라노 씨를 믿기를 정말 잘했습니다."

7개월에 걸쳐 제휴 교섭을 하는 동안 고성이 오가는 난장판이 벌어진 적도 한두 번이 아니었다. 몇 번이나 '이것으로 교섭은 결렬이군'이라고 단념했었다. 하지만 교섭 상대의 최고 책임자에게 들은 이 말 한 마디에 그동안 쌓였던 내 피로는 말끔히 날아가 버렸다.

이야기를 '신용카드 전자지갑 휴대전화'의 여명기 이전으로 되돌릴까 한다. 앞에서 말했듯이 외부의 조언도 있자 드디어 회사 내부에서도 '신용카드 전자지갑 휴대전화'를 긍정적으로 검토하기 시작했다. 당시 나는 얼라이언스 추진 담당 부장이라는 자리에 있었고 부하 직원이 10명 정도였다. 전자지갑 휴대전화의 판매 대수는 순조롭게 증가했지만 이용할 수 있는 장소가 극히 적었다. 우리 팀은 전자지갑 휴대전화를 이용할 수 있는 장소를 개척했다. 편의점 등 많은 사람들이 일주일에 한 번 이상은 찾는 곳을 운영하는 기업과 적극적으로 얼라이언스를 추진했다. 또 전자지갑 휴대전화를 보급하기 위해 국내는 물론 외국에서도 연간 50회가 넘는 강연을 했다. 당시는 전자지갑 휴대전화로 사용할 수 있는 전자 화폐가 에디Edy뿐이었다. 때문에 우리는 에디의 운영회사인 비트월렛사의 오쿠데 쓰토무 상무(당시)와 협력해 제휴 업체를 한 곳 한 곳 개척해 나갔다.

그러나 많은 소매업자들은 새로이 전자지갑 휴대전화를 이용할 수 있도록 단말기를 설치하기 위해 장소를 확보하고 자금을 투자하는 데 매우 부정적인 반응을 보였다. 그래서 나는 이미 많은 가게에 보급되어 있는 신용카드 단말기를 주목했다.

'그래, 이거야! 이 신용카드 단말기를 전자지갑 휴대전화에 대응하도록 바꿀 수 있다면 순식간에 보급이 진행될 거야!'

이렇게 해서 우리 팀은 신용카드 회사와 얼라이언스를 맺기 위해 의기양양하게 출진했다. '휴대전화의 신용카드화'라는 매우 참신하고 유망해 보이는 사업이었다. 우리는 한 회사 한 회사 돌아다니며 계획을 설명하면 휴대전화 시장에서 과반수의 점유율을 자랑하는 도코모의 간판 아래 수많은 찬동자들이 모여들 것으로 생각했다. 그러나 이는 오산이었다. 현실은 냉혹했다. 신용카드 회사로서는 구미가 당길 이야기라고 생각했건만 찾아가는 곳마다 손사래를 치지 않겠는가.

"분명히 재미있는 생각이기는 하군요. 뭐, 언젠가는 그런 시대도 찾아오겠지요. 하지만 지금은 아직… 다른 회사에서는 뭐라고 하던가요?"

대부분의 회사에서 이런 대답이 돌아왔다.

그래서 나는 니혼코교 은행 시절의 얼라이언스라는 카드를 꺼내들었다. 아마도 니혼코교 은행 출신 중에서 가장 유명한 사람은 라쿠텐의 미키타니 사장일 것이다. 운 좋게도 그는 내 후배며 지금도 이따금 전화로 연락을 주고받는 사이다. 미키타니 사장은 선배인 내 부탁을 항상 흔쾌히 받아들여 줬으며, 모바일과 관련된 커다란 회의에 두 번이나 패널로 참석해줬다. 카리스마적 존재로 소개될 때도 많지만, 니혼코교 은행 시절부터 오랫동안 알고 지낸 내가 보기에 그는 언제나 회사의 성장과 사원을 생각하는 성실한 경영자다(자세한 이야기를 알고 싶으면 미키타니 사장의 최근 저서인 《성공의 컨셉트成功のコンセプト(겐토샤(幻冬舍))》을 읽어보기 바란다).

또한 그 후에는 전 스미토모 은행의 구니시게 부사장을 통해 미쓰이스미토모 은행의 니시카와 요시후미 은행장(당시)을 소개

받았다. 당시 미쓰이스미토모 은행의 미쓰이스미토모 카드는 업계 정상인 JCB에 크게 뒤처져 있었다. 여기에 은행이 불량 채권 처리 문제를 해결하고 적극적인 공세로 나서려는 시기였던 덕분에 나쓰노 씨와 니시카와 씨가 직접 담판을 벌인 결과 '한번 해봅시다' 라는 결론에 이르렀다. 은행원으로 일해본 나는 금융 기관은 다른 곳과 보조를 맞추려는 의식이 매우 강하므로 미쓰이스미토모같이 수익성이 높은 일류 은행이 움직이면 일제히 이를 따라가려 한다는 것을 알았다. 결국 얼라이언스가 얼라이언스를 낳으며 제휴 관계가 확대되어 '신용카드 전자지갑 휴대전화' 프로젝트가 단숨에 탄력을 받기 시작했다.

얼라이언스는 불가능을 가능케 한다

상상력에 실행력을 더한 것을 나는 개인적으로 '상행력想行力'이라고 부른다. 나는 특별한 사람을 제외하면 '상상력'에는 개인차가 별로 나지 않는다고 생각한다. 다음 장에서 설명하겠지만, 많은 사람들이 비슷한 생각을 한 번쯤은 하는 법이며 세상의 아이디어는 대부분 이미 나온 아이디어를 재탕하거나 조금 변형시킨 것이다. 그런데도 사람들 대부분이 그 생각이나 바람을 실현하지 못하는 이유는 '실행력'이 부족하기 때문이다. 그런데 이 실행력도 사실은 그렇게 개인차가 있는 것이 아니다. 아무리 열심히 노력해도 혼자 힘으로 할 수 있는 일은 그리 많지가 않다.

그렇다면 실행력의 차이란 무엇일까? 나는 이를 **혼자서 이렇게 저렇게 해보다가 '불가능하니 포기하자'라고 좌절하느냐, 아니면 혼자 힘으로는 실현할 수 없으니 많은 사람의 힘을 빌려 달성하느냐의 차이**라고 생각한다. 그러나 '나를 도와줄 믿음직하고 뛰어난 아군'과 같은 이상적인 인맥이 처음부터 만들어지지는 않는다. 그렇기 때문에 **목적을 제시하고 자신과 같은 방향을 추구하는 사람을 어떤 식으로든 내 편으로 만들어야 한다. 이렇게 해서 자연발생적으로 '실현을 도와주는 사람'을 모으는 것이 '얼라이언스'**라는 발상이다.

실제로 많은 사람들의 도움이 없었다면 '전자지갑 휴대전화'는 죽었다 깨도 실현할 수 없었을 것이다. 이것은 단순히 도코모에는 노하우가 없다든가 업무 제휴를 맺지 않았다면 사업이 불가능했다는 식의 실무적인 이야기만이 아니다. 우리에게는 '전자지갑 휴대전화를 보급하고 싶다! 휴대전화로 결제할 수 있으면 편리하겠지?'라는 두루뭉술한 아이디어밖에 없었다. 그런데 사람들을 하나둘 끌어모으자 처음에는 모호했던 아이디어가 점차 실현 가능한 형태를 띠게 되었다. 소니의 'FeliCA'라는 비접촉 IC카드 기술도 그 중 하나다. 도코모가 채용한 FeliCa도 원래는 JR동일본의 시이바시 아키오 부장(당시)이 도코모의 나쓰노 씨에게 휴대전화와의 연계 이야기를 한 것이 발단이 되었다.

사실 FeliCa를 이용한 '전자지갑 휴대전화'가 나오기 훨씬 전에도 2차원 바코드나 적외선 같은 기술을 사용해 휴대전화와 점포 등을 연계하는 서비스가 실시되고 있었다. 로손 점포에서는 이를 위한 실험을 실시했는데, 이 역시 니이나미 다케시 사장의 협력이 없었다면 불가능한 일이었다. 또 코카콜라의 'C모드'라는 프로젝트 역시 사토 미노루 부회장이 미국 본사를 끈기 있게 설득해 겨우 실현할 수 있었다. 다만 이러한 기술은 조작성이 떨어지거나 인지도가 낮은 등의 이유로 생각만큼 결과를 내지 못한 것이 많았다. 내게 그 문제점을 해결할 타개책이 있었던 것은 아니었다. 하지만 이런 실패의 역사 덕분에 사람들이 휴대전화를 다른 용도로 사용하는 생활 방식에 익숙해져 지금의 FeliCa 서비스로 쉽게 이행할 수 있었다는 점은 의심할 여지가 없는 사실이다. 인간의 행동이나 라이프스타일은 그렇게 간단하게 바뀌지 않는다. 그러나 **얼라이언스가 커질수록 각 업계에 정통한**

사람들이 모이게 되고, 그들의 지혜로 여러 가지 문제점들이 해결된다.

회사에서 오케이 사인이 나오지 않는다거나 이쪽에서는 통과되었지만 저쪽의 상사가 부정적인 경우가 종종 있다. 신용카드 전자지갑 휴대전화도 마찬가지였다. 세상에는 내가 하지 못하는 일을 가능케 하는 사람이 반드시 있다. 반대로 그 능력을 갈망하는 사람도 있다. 그런 사람들이 연결되면 불가능했던 일이 기적처럼 실현된다. 그들은 서로를 원하므로 상대방을 알기만 한다면 얼라이언스를 맺기가 쉽지 않을까? 이때 필요한 것은 **먼저 자신이 "나는 이런 것을 하고 싶다"거나 "나는 이런 일을 할 수 있습니다"라고 적극적으로 어필하는 자세다.**

"i모드를 내가 만들었다"고 말하는 사람이 많은 이유는?

앞에서 얼라이언스를 통해 어떤 일을 실현하는 것을 '기적'이라고 불렀는데, 실제로 많은 사람이 모이면 생각도 할 수 없었던 엄청난 성과를 거둘 수 있다. **'문득 머릿속에 떠오른 생각'이 수백억 엔이나 되는 이익을 올려주는 거대한 프로젝트로 바뀌는**

일도 불가능하지는 않은 것이다. 그 대표적인 예가 '전자지갑 휴대전화'의 토대가 된 도코모의 혁신 기획 'i모드'다. 현재의 보급량도 대단하지만 'i모드'가 정말 대단한 점이 무엇인가 하면, "내가 i모드를 만들었다"고 말하는 사람이 많다는 사실이다. 그만큼 많은 사람들이 최초의 안案을 마치 자신의 안처럼 생각하고 모여든 것이다.

아마도 'i모드' 역시 시작은 '작은 아이디어'였을 것이다. 그 발단은 오보시 고지 사장이 'i모드' 개발부의 리더이자 내 상사였던 에노키 씨에게 "통신 요금 이외의 수입을 올릴 수 있는 뭔가 새로운 상품을 만들지 않겠나?"라고 지시한 것이었다고 한다. 지시를 받은 에노키 씨는 알고 지내는 회사의 사장과 상담을 했다. 그러자 그 사장은 당시 리크루트RECRUIT의 여성 대상 구인 정보지인 〈트라바유とらばーゆ〉의 편집장이었던 마쓰나가 씨를 소개해줬다. 그리고 당시 마쓰나가 씨 밑에서 아르바이트를 하던 학생인 나쓰노 씨도 참가하게 되었다.

그 '새로운 무엇인가'에 대해 각 분야의 전문가들이 '내가 어떻게든 하겠어'라는 생각으로 아이디어를 키워나갔다. 그리고 그 아이디어는 결국 오늘날 만인이 사용하는 대히트 상품으로 가공된 것이다.

**'플랫폼을 만드는 자'가 결국
가장 이익을 본다**

최근 얼라이언스를 통해 커다란 성공을 거둔 회사나 개인이 크게 늘어났다. 일본을 대표하는 기업인 도요타도 그런 곳 중 하나다. 현재 도요타가 세계를 대표하는 자동차 회사며 다른 라이벌 회사의 추격을 허용치 않을 정도의 기세임은 주지의 사실이다. 그런데 자회사인 아이신 정기를 포함해 도요타는 BMW나 폭스바겐, 푸조 등 자동차 업계의 라이벌들과 제휴 관계를 맺고 있다. 그 결과 서로를 물어뜯는 것이 아니라 서로 자사의 팬들에게 좋은 품질의 상품을 제공하고 있다.

내가 '얼라이언스'를 활용할 때 주목하는 것은 '플랫폼형型'이라는 비즈니스모델이다. 아마도 이것을 이룩한 기업이 21세기의 승자가 되지 않을까 싶다. '전자지갑 휴대전화'가 지향하는 것 역시 '플랫폼형' 비즈니스다. 구글과 마이크로소프트, 혹은 라쿠텐과 사이버에이전트 같은 인터넷 업계의 성공 기업들이 그렇고, 실물 비즈니스에서도 로손과 이온 등은 '플랫폼'이라는 개념을 도입해 성장한 회사라고 할 수 있다.

그렇다면 '플랫폼'이란 어떤 개념일까? 바로 '얼라이언스가 가능한 장소'를 제공하는 것이다. 가령 라쿠텐은 커다란 인터넷

쇼핑몰이라는 틀을 만든 뒤 그 안에서 작은 쇼핑몰이 자유롭게 사업을 펼치도록 한다. 또 이온은 교외에 커다란 쇼핑센터를 만들고는 '어서 오십시오' 하고 입주 기업을 불러 모은다. 편의점인 로손은 우편함을 점내에 설치함으로써 말 그대로 편의를 제공하는 가게가 되었다. 장소를 제공한 뒤 참여한 기업에게 맡겨 놓으면 '플랫폼'은 그들의 아이디어로 제공자가 상상하지 못한 진화를 이루기도 한다. 가령 '구글'의 경우, 장소는 어디까지나 기업에서 제공했지만 이렇게까지 거대한 사이트로 성장할 수 있었던 이유는 역시 사용자들이 구글을 진화시켰기 때문일 것이다.

장소를 제공하고 기본적으로는 사용자나 고객을 위한 아이디어가 자연 발생해 발전하도록 놔두고 간섭하지 않는다. 자신들은 철저히 지원과 관리만 한다. 그래도 최종적으로 가장 이익을 보는 쪽은 역시 '플랫폼'을 만든 당사자다. 그들이 21세기의 승자가 되는 것은 당연한 결과일 것이다.

여러분은 사람들에게
얼마나 '장소'를 제공할 수 있을까?

사실 기업의 비즈니스 모델뿐만 아니라 **개인이나 어떤 한 가지 프로젝트**

의 경우도 플랫폼을 만들어 얼라이언스를 확대한 사람이 성공하는 시대가 이미 찾아오고 있다. 그리고 실제로 그렇게 해서 성공을 거둔 개인은 얼마든지 있다. 예컨대 내 지인 가운데 《주말의 달인(원원북스)》이라는 베스트셀러를 쓴 고이시 유이치 씨가 있다. 원래 그의 본업은 경제 산업성의 공무원인데, 거의 취미 활동으로 스튜디오를 만들고 세미나를 개최해서 많은 사람들을 모아 '직장인에게 책을 쓸 기회를 제공하자'는 활동을 펼치고 있다. 고이시 씨가 볼 때 그 플랫폼은 돈벌이를 위한 것이 아니다. 그러나 그의 세계는 점점 넓어져 이미 저서가 30권 가까이에 이르며, 도예를 하고 요리를 만드는 등 다방면에서 대활약을 하고 있다. 또 지금은 베스트셀러 작가가 된 가쓰마 가즈요 씨도 JP모건에서 일하던 시절부터 알고 지낸 사람인데, 여성을 응원하는 '보리밭'이라는 사이트를 운영해 일하는 여성들의 우상이 되었다.

이와 같은 얼라이언스를 통한 성공 형태를 사원들의 업무 방식으로 가장 잘 활용한 기업을 꼽으라면 바로 구글일 것이다. 이 회사에는 '20대 80의 법칙'이라는 것이 있는데, 쉽게 말하면 회사에서 일하는 시간의 20%를 자신이 흥미를 가진 독자적인 주제에 할애해도 무방하다는 규칙이다. 그 가운데서 각자가 새로운 프로젝트를 생각하며, 재미있는 안건이 떠오르면 "다들 이거 어떻게 생각해?"라고 사내에 자유롭게 발신할 수 있다. 그래서 "그거 재밌겠는 걸? 나도 같이 하자"라든가 "만약 그걸 실현하면 최대한 협력할게"라고 동조하는 사람들이 나타나 얼라이언스가 점점 모이면 프로젝트가 성립되는 것이다. 그러면 회사도 그 아이디어를 평가해 정식으로 구글이 전 세계에 전개하는 비즈니스로 채용한다.

여기에서도 **사람들이 모여들자 단순한 아이디어가 실현 가능한 프로젝트로 탈바꿈함**을 알 수 있다. 그래서 구글에서는 단순히 좋은 아이디어를 낼 수 있는 사람이 아니라 '상행력' 있는 사람이 성공한다. 이것이 바로 구글이라는 기업의 대약진을 이끈 원동력이 아닐까?

자신의 기분에 솔직해지자

하나의 조직이나 회사 내에만 있으면 가치관이 굳어버려 새로운 발견을 할 기회가 점점 줄어든다. 반면에 **다양한 사고방식을 갖춘 사람들이 얼라이언스에 참여하면 자신의 내부에 있던 고정관념**

이 무너져 새로운 발상을 할 수 있다.

요즘 보면 '내가 할 일은 이거야' '이것이 내 개성이야' 라며 자신의 머리로 생각한 장래 계획만으로 미래를 그리려 하는 사람이 많다. 그러나 얼라이언스를 진행해 나가다 보면 자신이 얼마나 우물 안 개구리였는지를 깨닫게 될 것이다. 얼라이언스를 구사하면 성공 규모가 상상도 하지 못했던 수준으로 거대해진다. 나는 독자 여러분에게 그런 미지의 가능성을 열어주고 싶다.

현재 내가 하는 일 또한 얼라이언스의 도움이 있었기에 이룰 수 있었다. 후배의 소개로 기업의 고문이 되었고, 지금은 니혼코교 은행 시절의 선배이자 내 지도 담당이었던 유한회사 쇼의 가와무라 요코 사장과 같은 사무실에서 일하고 있다. 무작정 정신없이 달려온 것 같지만 현재 연봉은 신입사원 시절의 10배가 넘는다. 결과적으로는 이익도 따라온 것이다. 물론 내가 도코모에 입사했을 때만 해도 이런 미래는 생각도 하지 못했다. 내가 무슨 이유로 니혼코교 은행에서 도코모로 회사를 옮겼는지 아는가? '인생은 한 번뿐. 언제나 도전하며 살고 싶다'고 느껴왔기 때문이다. 당시 니혼코교 은행의 신용 등급은 계속 하락하고 있었다. 그 때문에 현장에서 일하는 내게 들어오는 프로젝트도 피부로 느껴질 정도로 줄어들었다. 그러나 '이 은행이 사라질지도 모른다'고 진지하게 생각한 사람은 없었다(나는 비교적 예감이 잘 들어맞는 편이지만). 나 역시 그런 걱정은 하지 않았지만 금융이 아니라 좀 더 눈에 보이는 일을 하고 싶다는 생각이 들기 시작했다. 그리고 바로 그때 휴대전화라는 문명의 이기를 접했다.

그 계기는 어머니의 죽음이었다. 어머니는 1994년에 암으로 타계하셨는데, 마지막 3개월 동안은 줄곧 긴박한 상태가 계속되었다. 그러나 나는 니혼코교 은행에서 매일 격무에 시달렸고, 의대 교수였던 아버지도 거의 시간을 낼 수가 없었다. 게다가 누나는 어린 아이까지 있었다. 모두가 바빠서 급할 때 연락을 할 수가 없었던 것이다. 그러다 보니 나나 아버지나 누나나 어머니 걱정에 불안하기 짝이 없었다.

이때 그 불안을 해소시켜준 것이 바로 휴대전화였다. 물론 당시는 NTT도코모가 없었기 때문에(NTT도코모로 이름을 바꾼 때는 2000년이다―옮긴이) NTT에 가서 대여료가 7만 엔이나 하는 거대한 휴대전화를 빌려 왔다. 그래도 휴대전화를 지니고 있으니 '가족과 연결되어 있다'고 안심할 수 있었다.

'아직 보급이 되지는 않았지만, 이 휴대전화라는 도구는 분명히 세상을 바꿀 거야.'

나는 이렇게 생각했다. 그래서 NTT도코모에서 사원을 공모한다는 이야기를 듣자 '휴대전화와 관련된 일을 할 수 있을지도 모른다'는 생각에 나도 모르게 가슴이 두근거렸다. 그러나 주위에서는 모두 크게 반대했다. 그도 그럴 것이, 지금이야 도코모가 취업 인기 순위 1, 2위를 다투는 우량 기업이지만 당시만 해도 NTT에서 떨어져 나온 장래가 불투명한 벤처 기업 정도로 인식되었기 때문이다. 그래도 내 마음은 확실하게 그쪽으로 향했다. 달리 미래의 가능성을 예측했다거나 장래 계획이 있어서가 아니었다. 지금 되돌아보면 '내 직감을 믿고 나아가는 거야!' 라는 솔직한 마음을 따른 것이 주요했지 않았나 싶다.

여러분이 타인에게 보여줘야 할 것은 "나를 따라오면 반드시 행복해진다"거나 "나는 앞으로 크게 될 거야" 같은 말이 아니다. **'지금 나는 이런 것을 하고 싶다'는 명확한 비전이다.**

처음 행동할 때 필요한 것은 자신의 의식을 바꾸는 일

그 후 나는 도코모를 그만두고 벤처기업의 경영진으로 있다가 작년 10월에 내 회사를 세웠다. 그 이유 역시 '이렇게 하고 싶다!'는 강한 마음이 그 방향을 향하고 있었기 때문이다. 도코모를 그만둔 이유는 이미 'i모드' 가 지극히 평범한 플랫폼으로 보급되고 신용카드 전자지갑 휴대전화 서비스도 시작되어 '이 이상 도코모에 있을 필요는 없겠다' 고 느꼈기 때문이었다.

얼라이언스의 첫걸음은 회사를 초월한 하나의 비즈니스 단위인 '자신의 생각' 을 확립하는 것이다. 여러분은 '자신이 하고 싶은 일' 을 사업으로 전개한다. 그러면 그 사업에 따라 회사의 상사나 동료들을 포함하는 '얼라이언스' 가 형성된다. 이러한 **얼라이언스를 만들어 나가는 가운데 그 주역은 언제나 여러분 자신**이다. 그러므로 여러분에게 '새로이 하고 싶은 일' 이 생기면 얼라이언스도 그 방향으로 변화한다. 살다 보면 갑자기 새로운 얼라이언스 관계가 확대되는 일도 당연히 있을 것이다. 그러나 그렇다고 해서 오래된 얼라이언스 관계가 사라지지는 않는다. 역할이 바뀌어도 여러분은 자신의 희망에 따라 그 얼라이언스의 관계를 효과적으로 활용할 뿐이다. 그것이 도움이 되느냐 안 되느냐는 별로 중요하지 않다. 다만 **'언젠가 이런 일이 일어날지도 모른다' 는 기대감에 두근거리며 자신의 얼라이언스를 추진해 나가면 되는 것**이다.

얼라이언스라는 개념을 실천하기 위해서는 자신을 하나의 기업이라고 생각해야 한다. 그렇다면 얼라이언스를 맺은 사람들은 사원이기도 하고 클라이언트이기도 할 것이다. 여기서 중요한 것은 '자신'이라는 기업을 어떻게 키워나가느냐다. 아울러 **경쟁 원리 같은 치열함이 아니라 게임을 하는 듯한 두근거림**을 느끼며 일해야 한다. 니혼코교 은행에서 일할 때의 상사인 나카무라 사다요시 상무(당시)는 항상 내게 이렇게 말했다. "일을 게임이라고 생각해. 그리고 나무를 보면 안 돼. 숲을 봐야지" 생각해보자. 얼라이언스를 통해 자신이 어떻게 성장할지는 완전히 미지수다. 그래도 얼라이언스를 맺을 때마다 여러분은 이를 통해 자극을 받아 더욱 재미있는 것을 비전으로 그릴 수 있게 된다. 그 결과 예상치 못한 진화를 이룩하며 그것이 모두 미래의 성공으로 이어진다.

여러분은 현재의 자신은 상상도 하지 못하는 성공을 거둘 수 있다.

어떤가? 가슴이 두근거리지 않는가? 이러한 전환을 가능케 하는 것이 지금부터 설명할 '얼라이언스'의 '사고법' '정보 수집·정리' '인맥' '공부법' '커리어 상승법'이라는 다섯 가지 시점이다. 얼라이언스를 이용해 '정보 수집'을 하면 여러분은 기존의 자신은 알 수 없었던 귀중한 정보를 다량으로 입수할 수 있다. 그리고 이 책에서는 '어떻게 하면 얼라이언스 관계를 만들 수 있을까?'에 비중을 두고 '인맥술'을 설명할 텐데, 그렇게만 해도 여러분은 얼라이언스를 통해 원래 같으면 말을 걸어볼 기회조차 얻을 수 없는 각 분야의 전문가들과 의견을 교환할 수 있게 될 것이다. 또 '공부법'에 대해 알게 되면 여러분은 얼라이언스를 통해 지금보다 몇 배나 많은 것을 알고 배울 수 있다. 그렇게 하면 여러분은 지금의 자신은 상상도 하지 못할 정도의 높은 위치로 '커리어 상승'을 이룰 수 있을 것이다.

그러나 그런 장밋빛 미래도 '지금 무엇을 할 것인가'라는 출발점이 없으면 한낱 꿈에 불과하다. 먼저 자신의 의식을 바꿔야 하는 것이다. 그러기 위해서라도 먼저 **'용기를 가지고 행동해야'** 한다.

Chapter 2

얼라이언스 싱킹

'남들보다 뛰어난 사람'이 아니라
'남들의 도움을 받을 수 있는 사람'이 되자

**'자신의 발상' 을
'모두의 발상' 으로 바꾸자**

대개는 무엇인가 '하고 싶은 일' 이 있을 때 어느 정도 구체적인 계획을 세워서 기획서나 제안서를 상사에게 제출할 것이다. 그러나 나는 '신용카드 전자지갑 휴대전화' 를 만들려고 했을 때 구체적인 아이디어로 정리되기 이전의 **구상 단계에서부터 다른 사람들을 끌어들였다.**

애당초 '신용카드 전자지갑 휴대전화' 는 '휴대전화를 신용카드 대신 쓰자' 라는 아주 단순한 발상에서 나온 것이다. 그런데 구체적인 계획을 세우려 하면 기술적인 문제나 금융업계의 제도

적 문제 등 부정적인 요인이 줄줄이 부각되게 마련이다. 특히 통신 회사가 신용카드 사업이라는 금융업에 뛰어든다는 것은 세계적으로도 유례가 없는 일이었다. 말하자면 세계 최초의 시도였던 것이다. 일반적으로 어떤 기업이든 대기업이 될수록 '모르는 분야에는 손을 대지 않는다'는 체질로 바뀌기 마련이다. 그렇다면 **내 제안을 '모두가 알고 있으며 하고 싶어 하는 것'으로 침투시키는 편이 실현 가능성이 높지 않을까?** 이것이 내 생각이었다.

그래서 나는 모건 스탠리에서 일하는 니혼코교 은행 시절의 선배 시게토미 류스케 매니징 디렉터와 외부 컨설턴트, 그리고 친한 친구들에게 "사내에서는 아무도 진지하게 상대해주지 않지만 이런 것이 가능하지 않을까 하고 혼자서 상상해보는 안이 있습니다. 어떻게 생각하십니까? 역시 불가능할까요?"라고 의견을 물었다. 물론 기획서나 계획서 따위는 없었다. 그러자 그들은 해외의 카드 회사나 통신 회사의 전략과 사례 등에 대해 다양한 정보를 알려줬다. 또 당시 미쓰이스미토모 카드와도 친분이 있어서 사와무라 가즈오 상무에게 내 아이디어를 말해봤다. 그러자 사와무라 씨는 신용카드 분야의 '프로 중의 프로'로서 업계의 구조와 구체적인 방법에 대해 친절하게 가르쳐줬다. 그때만 해도 그것을 원형으로 도코모의 신용카드 브랜드 'iD'가 탄생하리라고는 꿈에도 생각하지 못했지만….

회사 내부에서는 내가 있는 i모드 부서만으로는 거대 조직인 도코모를 움직이기가 상당히 힘들 것으로 예상했다. 어느 회사든 마찬가지지만, 다른 부서에서는 위험성을 지적하며 불가능한 이유만 잔뜩 늘어놓았다. 그런데 한 임원이 "일단 백지로 돌리고 각 부서에서 대표자를 모아 신용카드 전자지갑 휴대전화에 대한 세미나를 개최하자"고 제안했다. 솔직히 처음에 '일단 백지로 돌리자'는 말을 들었을 때는 '이제 글렀어. 절대로 실현할 수 없을 거야'라는 절망감과 충격에 앓아눕기도 했다. 그런데 놀라운 일이 일어났다. 몇 달 동안 검토를 거친 뒤 그 세미나에서 나온 결론은 '신용카드 전자지갑 휴대전화를 추진하자'였던 것이다. 이에 따라 이 프로젝트는 다른 부서의 의견도 반영하면서 도코모의 사운을 건 회사 전체의 프로젝트로 확대되었다.

일단 추진이라는 흐름이 만들어지자 각 부서의 노하우와 우수한 인재가 속속 참여하면서 우리 팀만으로는 해결하기 힘들었던 문제들이 하나하나 해결되었다. 만약 i모드 부서만으로 프로젝트를 진행했다면 이렇게 거대한 프로젝트를 실현할 수 없었을 것이다. 세미나를 개최한 덕분에 결국은 최대의 효과를 얻은 것이다.

이처럼 '자신의 생각'을 '모두의 것'으로 변환하는 것이 '얼라이언스 싱킹'이라는 발상 방법이다.

프로젝트 성사의 분수령은 '생각'의 연쇄 반응

어째서 자신이 생각해낸 아이디어를 굳이 '모두의 것'으로 만들어야 할까? 그러면 자신에게 손해가 아닐까 생각하는 사람도 있을지 모른다. 특히 벤처 기업 등에서는 "이건 특허입니다"라든가 "노하우가 유출되기 때문에 말씀드릴 수 없습니다"라는 경우를 자주 볼 수 있다. 그러나 '내가 생각해낸 안案이다'라는 것에 집착한다면 과연 그 안이 커다란 성과를 거둘 수 있을까? 100만 엔의 이익을 올리는 프로젝트를 100% 독점한들 얻을 수 있는 것은 100만 엔에 불과하다. 그러나 만약 그것이 100억 엔의 이익을 내는 프로젝트가 된다면 어떻게 될까? 설령 불과 1%가 자사의 몫으로 돌아온다고 쳐도 이익은 1억 엔이 된다. 100만 엔의 100배인 것이다. 나는 이 발상이 커다란 사업을 성공시킬 수 있느냐의 분수령이라고 생각한다.

신상품이든 영업 기획이든 혹은 사내 개선책이든 결국 많은 사람들이 그 아이디어에 진심으로 찬동해 참가하지 않는다면 시작되지 않는다. 게다가 참가하는 사람들은 발안한 사람을 위해서 행동하는 것이 아니다. 모두 회사를 위해, 그리고 **무엇보다도 자신을 위해 행동한다.** 그렇다면 '타인이 생각한 것' 보다는 '자신도 함께 생각한 것' 이었을 때 동기 부여가 잘 되는 것은 당연한 일이다. 하물며 내 경우는 아이디어가 구체화되기 전 단계였다. '내 아이디어' 인 채로는 그것을 확실히 실현시키려 하는 사람이 적을 수도 있었다. 그러나 '모두의 아이디어' 가 되자 **모든 사람들이 그 아이디어에 대해 '모두의 아이디어를 실현시키자' 라는 '뜨거운 열의' 로 하나가 되었고, 이에 따라 거대한 힘이 생겨났다.** 이 '뜨거운 열의' 야말로 성공하는 얼라이언스에 없어서는 안 되는 요소다.

내 것은 모두의 것,
모두의 것은 내 것

자신이 생각했다고도 할 수 있는 아이디어가 '모두의 아이디어' 가 되어버리면 회사 내부에서 자신이 정당한 평가를 받지 못하지는 않을까?

혹은 누군가가 실적을 가로채지는 않을까? 이렇게 생각하는 사람도 있을 것이다.

앞장에서 나는 'i모드'에 관해 "내가 만들었다"고 말하는 사람이 많다고 이야기했다. 이는 닌텐도9(任天堂)의 '포켓몬스터'도 같은 상황이라고 하는데, 이러한 경향을 '포켓몬 현상'이라고 부른다고 한다. 생각해보면 분명히 '전자지갑 휴대전화'의 경우도 "그건 내가 만들었어"라고 말하는 사람이 적지 않다. 그러나 그것이야말로 성공했다는 증거가 아닐까?

전자지갑 휴대전화의 성공으로 다른 회사에서는 2단계 특별 승진을 하거나 특별 보너스가 지급되었다는 이야기도 들었는데, 도코모에서는 그런 것이 일체 없었다. 물론 우리도 그런 것을 기대하지는 않았다. 나를 정말 기쁘게 한 것은 나카무라 마사오 사장에게 직접 들은 "감사하오"라는 한마디와 에노키 씨에게 들은 "자네 이름은 역사에 기록될 걸세"라는 말이었다. 나를 지켜봐 주고 있는 이가 분명 있다는 것이다.

또 다른 사람에게 상담을 하면 자신의 아이디어를 빼앗길지 모른다고 걱정하는 사람이 있을지 모른다. 그러나 아무리 아이디어가 떠올라도 99%의 사람은 그 아이디어를 실행으로 옮기지 않는다. 그렇게 쉽게 빼앗기는 아이디어라면 결국 그 정도밖에

되지 않는 것이다.

게다가 정당한 평가 운운하기 이전에 애초에 도코모라는 커다란 플랫폼에 있었기 때문에 이렇게 커다란 프로젝트를 실현할 수 있었던 것도 사실이다. 그리고 무엇보다도 이 프로젝트를 통해 '조직을 움직이는 방법'과 '사람을 움직이는 얼라이언스'를 터득할 수 있었던 것이 내게는 **무엇과도 바꿀 수 없는 귀중한 경험**이 되었다. 외부와 내부 양쪽에서 사람을 움직임으로써 나 혼자는 할 수 없는 거대한 프로젝트를 실현한 것이다. 이것은 개개인의 마음을 하나로 모아 화학 반응을 일으킴과 동시에 **나 개인의 일이라는 '점'의 시점에서 동지를 모아 '선'의 시점으로, 그리고 나아가 회사 조직이라는 '면'의 시점으로 전환했기 때문에 가능한 일이었다.** 얼라이언스 싱킹에서는 이러한 회사라는 시점의 '경영자 감각'이 중요하다.

'불가능'을 '가능'으로 바꾸는 것이 진짜 일이다

얼라이언스를 맺는 의미에 대해 좀 더 생각해보자. 아이디어든 제안이든 '바람'이나 '꿈' 같은 것이든, 그것이 **실현되지 않는 이유는**

'벽'이 존재하기 때문이다. 좀 더 자세히 말하면 보틀넥 bottleneck('지장'이라는 의미로 병목이 가늘고 잘 막힌다는 데서 유래했다—옮긴이)이 어딘가에 있는 것이다. 이 보틀넥의 원인은 다양하다. 능력 문제일 수도 있고 시간문제일 수도 있으며, 아니면 인간관계나 자금 문제일 때도 있다. 어쨌든 그러한 것들을 모두 갖출 수는 없기 때문에 아이디어나 바람은 대부분 '불가능'해진다.

그런데 처음부터 '다른 사람들을 끌어들이는 것'을 전제로 한다면 어떻게 될까? 극단적인 경우, '화성으로 이주하고 싶다'는 어처구니없는 아이디어를 생각했다고 해도 NASA나 우주개발사업단 등을 얼라이언스로 끌어들이면 실현 가능성이 제로는 아닐 것이다. 결국 보틀넥이라는 것은 '자신에게는 불가능'한 일일 뿐이므로 **'자신에게는'이라는 부분만 지워버리면 얼마든지 '불가능'을 '가능'으로 바꿀 수 있다.**

'i모드'라는 서비스도 그와 같은 '불가능'한 부분을 얼라이언스를 이용해 하나하나 '가능'으로 바꿈으로써 실현에 성공했다. 가령 대히트를 기록한 '착신 멜로디' 서비스는 원래 나쓰노 씨가 현 퓨트렉의 후지키 사장과 페이스의 히로사와 사장에게 한 이야기 속에서 탄생했다. 그러나 도코모만으로는 그것을 실현할 방법이 없었다. 관련 기술도 없었고 음원도 보유하지 못했기 때문에 당연히 '불가능하다'는 이야기가 나왔다. 그러나 **기술을 가지고 있는 회사나 음원을 보유한 회사를 동료로 만들면 '불가능'을 '가능'으로 바꿀 수 있다.** 그래서 기술의 경우 제휴를 통해 미디MIDI라는 음원 칩을 탑재하고 음원은 가라오케 회사와 손을 잡음으로써 서비스를 실현시켰다.

'전자지갑 휴대전화' 역시 그 발상은 동일하다. 예를 들어 휴대전화로 자동판매기를 이용할 수 있으면 좋겠다는 생각이 들면 **이리저리 방책을 궁리하기보다는 그 아이디어를 실현할 수 있는 인물과 이야기하는 편이 가장 실현 가능성이 높아진다.** 실제로 이 아이디어는 코카콜라의 사토 미노루 부회장과 이토츄상사의 노다 부장이 "휴대전화와 자동판매기를 연동시킬 수 있는 서비스가 없을까요?"라며 도코모를 찾아온 것이 계기가 되어 실현되었다. 그 결과 지금은 세계 최초로 자동판매기와 휴대전화를 연동시킨 'C모드'라는 서비스가 되어 회원이 100만 명을 넘었다. 하지만 개발 당시에는 세 기업의 젊은 사원들이 중심이 되어 수많은 시행착오를 거듭했다. 처음에는 절대 불가능하다고 생각했다. 그러나 실험을 통해 수많은 실패와 성공을 거듭하며 조금씩 앞으로 나아갔다. 그 과정에서 '도코모가 하고 싶은 것'과 '코카콜라가 하고 싶은 것'이 서로 달랐지만, 어느새 그 둘이 하나가 되며 '도코모와 코카콜라가 하고 싶은 것'으로 확대되었다. 그리고 점점 거대해지는 틀의 중심은 '우리는 이것을 하고 싶다!'며 서로의 회사를 움직인 사토 씨의 팀과 우리 팀의 열의였다. 그 열의는 이윽고 깊은 '신뢰 관계'로 바뀌어 팀 전원에게 스며들었다. **'회사라는 틀'을 초월해 하나의 프로젝트를 성공시키고자 하는 '뜨거운 마음'이 기술의 벽이라는 보틀넥을 하나하나 해결해 나간 것이다.**

'상대하기 껄끄러운 사람'을 얼라이언스에 끌어들이는 방법

기술의 벽을 없애는 방법에 대해 이야기했는데, 실제로는 회사에서 무엇인가를 하려고 생각하면 '기술이 없다'는 물리적인 보틀넥보다도 인간관계의 장벽이 더 크게 느껴질 수 있다. 그러나 그것은 여러분이 얼라이언스 싱킹으로 발상을 전환해버리면 간단하게 해결된다.

반대하는 사람들을 **'설득하는'** 것이 아니라 얼라이언스를 맺어버리는, 즉 **'같은 동료가 되도록 만드는'** 것이다.

그러려면 어떻게 해야 할까? 거래처나 부하 직원에게 "이렇게 되었으니 그대로 따르게!"라고 단순히 자기주장만 해서는 안 된다. 대신 "함께 생각해보지 않겠습니까?"라든가 "꼭 자네의 의견도 반영하면서 함께 생각해봤으면 하네"라고 어필해야 한다. '교섭한다'는 감각이 아니라 **'상담에 응하도록 한다' '동료가 되도록 만든다'는 감각으로 상대방에게 참여할 기분이 '아주 조금'이라도 들도록 만드는 자세가 중요한 것이다.** 이는 테이블의 맞은편이 아니라 '옆에 나란히 앉거나 90도 옆자리에 앉는 편이 교섭을 성공시킬 확률이 높아진다'는 경험칙과 같은 원리일지도 모른다.

"이번에 이런 방법을 시도해볼까 생각하고 있습니다. 이렇게 하면 매출이 증가하지 않을까 생각하니 꼭 해주셨으면 감사하겠습니다."

라고 말하기보다는,

"이번에 이런 방법을 시도해볼까 생각하고 있습니다. 이렇게 하면 매출이 증가하지 않을까 생각합니다만, 과장님의 의견은 어떠신지요."

"흐음, 괜찮은 걸. 여기만 이렇게 조금 바꾸면 어떨까?"

"고맙습니다. 앞으로 진척 사항이 있으면 의견을 여쭙고자 하니 잘 부탁드립니다."

"알았네!"

이렇게 말하는 것이다.

이렇게만 해도 상대방은 여러분의 얼라이언스에 참여하고픈 기분이 들어 아군이 되어주니 신기한 일이다. 실제로 나 역시 그런 식으로 얼라이언스를 맺어 귀중한 의견을 많이 들을 수 있었다.

'상담' 이라는 얼라이언스로 설득 대상을 내 편으로 만들자

사람은 누군가가 자신에게 상담을 해오면 그것에 응하고자 하는 마음이 생긴다.

혹시 여러분은 '나는 들은 적이 없는데' 라는 이유만으로 거절 당한 경험이 있는가? 몇 번이고 거듭해서 설명했는데 그런 대답과 함께 단칼에 거절을 당하면 "그러니까 지금 이야기했지 않습니까!"라고 소리치고 싶어지겠지만 꾹 참고 가슴 속에 묻어두도록 하자. 그런 말을 해버리면 최악의 결과를 불러온다. 아무리 논리정연하고 좋은 의견이라도 거절할 것이다. 그러나 처음부터 얼라이언스를 맺으면 적극적으로 응원받을 수 있게 된다. 그리고 일이 잘 풀리면 "내가 조언을 해줬지!"라며 여기저기 선전을 해줄 것이다. 또 상사가 부하 직원을 얼라이언스에 끌어들였을 때도 부하 직원의 눈빛이 완전히 달라질 것이다.

이는 사전 교섭과는 다르다. 사전 교섭은 '회의 전에 미리 반대를 하지 않도록 부탁한다'는 일반적인 회의 준비 과정이지만 **얼라이언스는 실제로 구상을 실현하기 위한 단계에서부터 참여를 유도한다.** 여기에서 주의할 점은 **명확한 기본 방침이나 생각을 분명히 확립해 놓아야 한다는 것이다.** 축이 흔들리지 않도록 해야 한다. 확고한 축이 없으면 다양한 의견이 정리되지 않고 쏟아져 수습 불가능한 지경에 이르게 되기 때문이다.

'포기하지 않는다'라는 최고의 전략

얼라이언스를 맺은 사람이 자신과 호흡이 맞지 않거나 껄끄러운 사람일 때도 있을 것이다. 게다가 처음에는 상사도 "자꾸 귀찮게. 스스로 생각해보라"고 말할지도 모른다. 아무리 여러분이 상대방을 동료로 끌어들였다고 생각해도 상대방은 상대방대로 그리 대단하게 생각하지 않는 것이 보통이다. **그 사람들을 동료로 삼으려면 그 사람이 필요로 할 정보나 지식, 노하우를 먼저 여러**

분이 공부해 놓는 것이 중요하다. 내 경우에는 파이낸스 지식과 노하우를 공부했다.

그리고 무엇보다도 필요한 것이 있는데, 결코 포기하지 않는다, 무슨 일이 있어도 실현하겠다는 정열이다. 한두 번 일이 잘 풀리지 않으면 금방 포기해버리는 일이 많지는 않은가? 나는 몇 번인가 좌절할 뻔도 했지만 4년 동안 포기하지 않았다.

지금은 부하 직원에게 상담을 요청받으면 이런 생각부터 든다.

'이 사람은 어느 정도까지 진지하게 이것을 하고 싶어 하는 것일까?'

극단적인 표현이기는 하지만, 상사는 '무슨 일이 있어도 이것만큼은 반드시 하고 싶으니 상담을 들어줬으면 한다' 정도의 열정을 부하 직원이 가졌는가를 가장 중요시한다. 특히 벤처 기업의 경우, 성공하려면 비즈니스 모델도 물론 중요하지만 경영자의 의욕이 성패를 좌우한다고 한다. **진정으로 열정을 바치면 성공할 가능성이 높아지는 것이다.**

처음에는 너무나 힘들다고 생각되는 일이라도 여러분이 '열정'을 가지고 있고 상대방에게 자신을 위해 시간을 내준 데 대한 '감사'의 마음과 '경의'를 표할 수 있다면, 상대방은 반드시 여러분에게 힘을 빌려줄 것이다.

**타사와의 얼라이언스는
첫 3개월에 결정된다**

지금까지 이야기한 것은 회사 내부의 경우였는데, 타사와 얼라이언스를 맺는 경우에는 이야기가 조금 달라진다. 상대 회사의 담당자와 호흡이 맞지 않거나 호응이 좋지 않을 경우에는 일이 잘 풀리지 않기도 한다. 내 경험으로는 3개월 동안 같이 검토했음에도 진전이 없는 프로젝트는 설령 나중에 진전이 있더라도 결국은 어딘가에서 암초에 부딪힐 때가 많았다.

얼라이언스는 서로가 승자가 되는 'Win—Win'으로 프로젝트를 진행하는 것이므로 **상대방의 이익도 고려해야 한다.** 자신들의 이익만 주장한다면 얼라이언스는 성공할 수 없다. 또 어떤 프로젝트든 진행을 하다 보면 반드시 무엇인가 문제가 생기기 마련이다. 그러면 서로의 회사 내부에서 어떻게 대처해야 하느냐는 새로운 문제가 생긴다. 그럴 때는 프로젝트의 성공을 위해 회사의 틀을 초월해 상대방의 담당자와 함께 문제를 해결해 나가야 한다. 자신은 자기 회사에서 대응책을 검토하고 상대방은 상대방의 회사에서 대응책을 검토해 하나의 대응책으로 정리하는 것이다. 그런데 이때 호흡이 맞지 않거나 호응이 좋지 않으면 마음이 같은 방향을 향하지 못해 난국을 헤쳐나가지 못할 위험성이 커진다. 그러므로 **3개월이 지나도 진전이 없을 때는 교섭 상대를 바꿔야 하거나 그 기업과의 얼라이언스가 힘들다는 뜻이므로 다음 기업과의 얼라이언스로 넘어가는 편이 나을 것이다.**

다만 다음 기업과의 얼라이언스로 넘어가기 전에 잊지 말아야 할 점이 한 가지 있다. 그럴 때는 반드시 교섭을 하던 상대에게 "서로에게 이익이 되지 않으니 일단 이 프로젝트는 끝냈으면 합니다"라고 사정을 설명하고 이해를 구한 뒤에 다음 교섭을 시작해야 함을 명심하자. 세상은 참으로 좁은 곳이다. 어딘가에서 다시 그 기업과 관계를 맺을 필요가 생기지 않는다고 장담할 수 없는 것이다.

성공 체험이야말로 최대의 난적이다

뜨거운 열정을 품은 멤버가 모여 프로젝트가 진행하다 보면 다른 보틀넥도 나타난다. 바로 고정관념이다. '불가능하다'라는 고정관념도 있지만, **특히 프로젝트를 망치기 쉬운 고정관념은 사실 '성공 체험'**이라고 생각한다. 성공 체험이라는 고정관념에 빠진 사람은 과거에 성공했던 그 방법을 쓰면 문제없다고 생각한다. 세상은 변화하고 있는데 좀처럼 자신의 세계에서 뛰쳐나오려 하지 않는 것이다. 이들은 비유하자면 '삶은 개구리'와 같다. 개구리는 물이 갑자기 뜨거워지면 도망치려 하지만 수온이 서서히 올라가면 그것을 깨닫지 못하고 있다가 결국 삶아져 죽고 만다.

　기업은 물살이 빠른 강의 상류를 향해 나아가는 배와 같다. 멈추는 순간 반대쪽으로 떠내려가고 마는 것이다. **지금까지와 똑같은 것이야말로 가장 위험한 일**이건만, 사람은 '계속 이 상태로 있고 싶다'는 항상성恒常性(Homeostasis)을 지닌 동물이기 때문에 되도록 그 상태에서 안주하려고 한다. 그러나 이 세상에는 변화 없이 안주하다가 몰락한 기업이 수없이 많다. 가령 레코드 바늘 제조 회사는 설마 레코드가 없어지리라고는 상상도 못했다고 한다. 변화를 깨닫지 못한 까닭은 과거의 성공 체험에 사로잡혀 자신들의 세계 안에 머물러 있었기 때문이다. 만약 다른 업계와 얼라이언스를 맺었다면 '요즘 세상에 누가 레코드를 듣습니까?'라는 지적을 계속해서 받았을 것이다.

　자신의 주위에 '열린 세계'를 만들어 놓기 위해서라도 얼라이언스 싱킹을 활용해야 한다.

**자기도 모르는 사이에 만들어지는
'닫힌 세계'라는 벽**

'열린 세계'는 기업뿐만 아니라 아이디어를 내려는 개인에게도 매우 중요한 의미가 있다. '이렇게 해보고 싶다'거나 '이 아이디어, 괜찮지 않을까?'라고 아이디어를 생각해내는 사람 본인이 딱딱한 고정관념에 사로잡혀 있을 때가 많기 때문이다. 자사가 개발한 기술이나 제품을 억지로 이용해 서비스를 구축하는 사례를 우리는 자주 볼 수 있다. '우리 회사에는 이렇게 훌륭한 기술이 있어. 이걸 여기에도 써먹을 수 있지 않을까?'라며 점점 폭주해버리는 것이다.

아이디어를 생각할 때 중요한 점은 **'누가, 언제, 어디서, 얼마에, 어떤 식으로 이용할 것인가?'라는 구체적인 시점에서 생각하며 그것을 이용할 사람들과도 상담을 하는 것**이다. 예를 들어 한 식품 업체의 관계자는 신상품을 만든 뒤에 가족이나 친구 등 업무와는 관계없는 사람들에게 시식을 시킨다고 한다. 회사에 있는 사람은 시식에 익숙해져서 '전문가'가 되어버리는 측면이 있다. 그래서 사내의 의견을 정리해보면 일반인들은 선호하지 않는 맛이 될 때가 적지 않다고 한다. 또 도코모의 에노키 씨도 새로운 서비스가 나오면 반드시 부인과 아이들에게 그 서비스에 대한 의견을 듣는다고 한다. 실제로 임원 회의에서 부정적인 의견이 쏟아지자 "이 서비스의 대상은 당신들이 아니라 더 젊은 사람들이오"라고 말했다는 일화도 있다.

얼라이언스의 이점은 가치관이 다른 사람들이 모임으로써 그때까지 가지고 있던 고정관념이 하나둘 무너져 자신만의 세계에서 해방된다는 데 있다. 타 업종의 사람이나 다른 가치관으로 일해 온 사람, 성별이나 세대가 다른 사람, 때로는 외국인 등 **얼라이언스 속에 '다른 문화'가 섞일수록 지금까지 자신들의 가치관이 얼마나 좁은 틀에 갇혀 있었는지 깨닫게 된다.**

나는 지금까지 세 회사를 경험하면서 '회사의 상식은 세상의 비상식'임을 뼈저리게 실감했다. 고정관념을 가지고 있다면 프로젝트의 초기 단계에서 새로운 피를 수혈하는 것이 매우 중요한 과제인 것이다.

얼라이언스가 낳는 '블루 오션 발상'

최근 주목받고 있는 기업 전략 용어로 '블루 오션 전략(Blue Ocean Strategy)'이라는 것이 있다. 프랑스 유럽경영대학원의 김위찬 교수와 르네 마보안 교수의 저서인 《블루 오션 전략(교보문고)》에서 발표한 전략이다. '블루 오션(푸른 대양)'은 쉽게 말해서 경쟁자가 아무도 없어 자유롭게 헤엄칠 수 있는 빈 시장을 말한다. **눈앞에 있는 시장에 뛰어들면 결국은 가격 경쟁이나 차별화 경쟁 같은 치열한 경쟁을 피할 수 없으므로, 아직 아무도 발을 들여놓지 않은 새로운 영역에 눈을 돌리자는 전략**인 것이다. 저가 항공회사나 도요타가 최초로 시장에 투입한 환경자동차 등도 '블루 오션'에 진출한 사례다.

　참고로 위의 책에는 i모드도 '블루 오션 전략'의 성공 사례로 소개되었는데, 나는 '신용카드 전자지갑 휴대전화'도 블루 오션 전략이라고 생각한다. '신용카드 전자지갑 휴대전화'의 콘셉트에는 '휴대전화를 이용한 신용카드 결제' 뿐만 아니라 '소액 결제의 후불화'라는, 지금까지 신용카드 회사가 개척하지 않은 영역이 포함되어 있기 때문이다. 지금까지 자동판매기에서 콜라를 사거나 전철을 탈 때 일부러 신용카드를 사용하는 사람은 없었다. 신용카드 회사에서 왜 이런 생각을 하지 않았느냐면 비용이 너무 많이 들기 때문이었다. 신용카드로 1만 엔짜리 상품을 사도 수수료는 고작해야 100엔 정도다. 여기에 카드 결제서의 운

송비용과 시스템 비용을 카드 회사가 부담하게 되므로 채산이 맞지 않는 것이다. 그리고 사용자도 일일이 신용카드로 결제하려면 시간이 많이 걸리기 때문에 꺼렸다. 그러나 도코모 같은 통신 회사의 경우는 매달의 통신 이용료 고지서에 결제액을 한 줄 더하기만 하면 된다.

또 '신용카드 전자지갑 휴대전화' 개발의 배경에는 구미의 신용카드 이용률이 25%가 넘는 데 비해 일본은 7.8%에 불과한 탓도 있다. '휴대전화로 소액 결제가 보급되면 휴대전화로 고액 결제를 하는 젊은이도 생기지 않을까?' '신용카드 전자지갑 휴대전화가 일본 신용카드 업계의 파이를 키워주지는 않을까?' 라고 생각한 것이다. 여기에 신용카드 회사의 중요 관심사가 '어떻게 해야 젊은이들이 신용카드를 가지며 사용하도록 만들 수 있을까?' 인 만큼 서로의 필요성이 정확히 일치했다. 그리고 그 성과는 현재진행형으로 착실하게 나타나고 있다.

**사람들에게서
정보를 모아 자신의 머리로 생각하면
화학 변화가 일어난다**

나는 아이디어 발상과 정보 수집의 최고 수단은 다른 사람들의 이야기를 듣는 것이라고 생각한다. 전자지갑 휴대전화 프로젝트를 진행할 때도 많은 분들의 의견을 들었다.

벽을 하나 뛰어넘으면 또 다른 벽이 나타나는 일상 속에서 토코모라는 통신 회사가 신용카드 사업에 참여하는 데는 몇 가지 벽이 있었다. 그리고 그중에서 특히 문제였던 것이 신용카드에 대한 노하우였다. 이 같은 눈앞의 벽에 맞서 악전고투하던 어느 날, 한 가게의 간판이 눈에 들어왔다. '신용카드도 사용 가능합니다'라고 쓰여 있는 간판이었다. 혹시 어떤 실마리가 될까 싶어 가게 사람에게 이야기를 들어보니 "이용하는 사람은 거의 없습니다"라는 것이었다. 이용자가 적다는 말을 듣고 어떤 사람은 절망감을 느꼈을지도 모르지만 나는 이렇게 생각했다. '신용카드 이용자가 적다면 휴대전화에서 신용카드 기능을 지원하도록 만들면 되잖아!'라는 발상이었다. '카드를 여러 장 가지고 다니기가 귀찮다'라는 발상에서 나온 '전자지갑 휴대전화'는 신용카드 회사로서는 오히려 적이었다. 그러나 여기에서 더 나아가 '신용카드와 융합하자'라는 역전의 발상이 나온 것이다. 이러한 발상이면 통신 회사가 신용카드 사업에 뛰어드는 데 위협을 느끼던 신용카드 회사도 함께 이익을 올리는 시스템을 만들 수 있다.

이 생각은 그 후 미쓰이스미토모 카드의 사와무라 상무가 내 놓은 '어쩌면 소액 결제 시장에 진출할 수 있을지도 모르겠군요. 새로운 브랜드를 만듭시다' 라는 발상으로 이어졌다. 또 그밖에도 편의점 am/pm의 요시모토 상무와 패밀리마트의 오베상무 등 소매의 전문가들이 무엇을 필요로 하는지 직접 이야기 들음으로써 어떤 보틀넥이 존재하는지 알 수 있었다.

사람들에게 이야기를 듣고 아이디어를 짜내며 얼라이언스를 맺음으로써 '신용카드 전자지갑 휴대전화' 의 구상이 한 단계 한 단계 진화해 나간 것이다.

잠재적인 수요에 얼라이언스를 조합하다 처음부터 '블루 오션이라는 미지의 장소가 어디에 있는지' 알 수 있다면 누구나 성공을 손에 쥘 수 있다. 기업이라면 바로 그 블루 오션 분야에 투자하면 될 것이다. 그리고 개인이라면 누구에게도 없는 독자적인 매력을 앞세워 세상에서 두각을 나타낼 수 있다.

그러나 그런 '블루 오션'이 쉽게 발견된다면 세상에 고생할 사람이 누가 있겠는가? 게다가 한 사람의 머리로 블루 오션을 찾아내 실현하기는 그리 녹록한 일이 아니다. 앞에서도 말했듯이, 요즘 같은 세상에 '완전히 새로운 아이디어' 따위는 존재하지 않는다. 어떤 신상품이나 새로운 서비스도, 또 앞으로 세상에 등장할 새로운 발상도 대부분 이미 세상 어딘가에 있던 아이디어를 조금 손봤거나 복수의 아이디어를 조합했거나 반대로 분리한 것이다.

그러나 나는 그런 것들이 **성공한 이유가 아이디어를 손보거나 조합했을 뿐만 아니라 '세상의 잠재적인 수요에 부응하는 것을 찾아냈기' 때문**이라고 생각한다. 특히 '잠재적인'이라는 부분이 매우 중요한 핵심이다. **'잠재적인 수요'를 찾아내기 위한 실마리는 사람들의 '불만'과 '불편'이다.** '왜 이런 것이 없을까?' '이런 것이 있으면 좋을 텐데'와 같은 부분에 잠재적인 수요가 존재하는 것이다. 잠재적인 수요는 가령 설문조사 같은 것으로는 드러나지 않는다. 설문조사에 응할 때는 존재하지 않기 때문이다. 설문조사를 통해 완성된 상품의 평가를 확인할 수는 있지만, 사용자도 아직 보지 못한 상품이나 서비스를 알 수는 없다.

'전자지갑 휴대전화'도 잠재적인 수요와 얼라이언스를 조합한 것이다. '전자지갑 휴대전화'의 개발은 기업 간의 제휴 같은 규모가 큰 교섭을 통해 실현되었다고 생각할지 모른다. 그러나 그보다 더 결정적이었던 것은 잠재적인 수요를 공유할 수 있다는 점이었다. '지갑 안에 카드가 너무 많아 불편하다'는 생각은 10명 중 7~8명은 했을 것이다. 따라서 '그러면 각종 카드를 합한 공통 카드를 만들면 되지'라고 생각한 사람도 적지 않을 것이다. 그런데 '공통 카드를 만든다'는 수요를 발견해도, 그리고 설령 그것을 실현할 수 있는 규모의 조직에 있다 해도, 그런 사업 계획이 쉽게 통과되지는 않는다. 그 아이디어를 실현하려면 각 카드 회사와 유통 회사, 철도 회사를 돌아다니며 "여러분, 저희 산하로 모여주십시오"라고 설득해야 한다. 또 본인은 아무리 재미있는 아이디어라고 생각해도 그만한 노력을 들일 가치가 있느냐며 회사에서(본인의 회사든 다른 회사든) 상대해주지 않을 가능성도 크다. 그러나 통신 회사의 사람과 편의점 업계의 사람, 카드 회사의 사람, 혹은 사용자들을 모아서 '이런 것이 있으면 좋겠는데'라는 생각을 공유하고 아군을 늘려나가면 어느새 '모두를 납득시킬 수 있는 계획'이 완성된다.

자신에게 그에 관한 지식과 능력이 없다면 지식과 능력이 있는 사람이나 회사를 끌어들여 함께 생각하자. **여러분이 프로듀서가 되어 그와 같은 얼라이언스를 만들어 나간다면 가장 성공 가능성이 높은 결과물을 만들어낼 수 있다.** 이것이 바로 얼라이언스 싱킹이다.

회사의 경영도 이와 매우 비슷하다. 레스토랑 체인의 경영자는 요리를 못해도 성공할 수 있다. 성공 여부는 솜씨가 뛰어난 요리사와 멋진 가게를 만들 수 있는 인테리어 디자이너, 원가 계산이 정확한 경리 스태프를 어떻게 잘 조화시키냐에 달려 있다. 회사의 경영이나 프로젝트의 실현, 조화와 프로듀싱이 중요한 것이다.

즉, 혼자서 머리가 깨져라 생각하기보다는 사람들을 모아 함께 생각하는 편이 실현 가능성이 높아진다.

브레인스토밍과 얼라이언스의 차이는 '감상'이 있느냐 없느냐

모두가 의견을 교환한다고 하면 얼라이언스를 '브레인스토밍brainstorming'과 같이 생각하는 사람도 있을지 모른다. 브레인스토밍에서는 모두가 '좋은 아이디어를 내자'는 취지에서 상대방의 의견을 부정하지 않으면서 서로가 일단 많은 의견을 내고 본다. 또 브레인스토밍은 일반적으로 기획부에 소속된 사람들이 모여서 '좋은 아이디어를 낸다'라는 지극히 긍정적인 자세로 진행한다.

물론 브레인스토밍은 아이디어를 내기 위한 매우 좋은 방법이지만, 얼라이언스 싱킹과는 사고의 기반이 다르다. 얼라이언스 싱킹의 기반은 '어떻게 해야 나의 이 의견이 훌륭히 실현될까?'라는 데서 출발한다. '여기를 이렇게 하면 상대 기업이 관심을 보일지 몰라' 라든가 '이 부분은 그 사람한테 물어보면 되겠군'과 같은 식으로 생각하는 것이다. 사방팔방에서 아이디어를 모으는 것이 아니라 하나의 아이디어를 계속 덧칠하는 것이 얼라이언스다. **그러기 위해서는 축이 되는 의견과 방향성을 본인이 먼저 확실히 가지고 있어야 한다.**

얼라이언스와 브레인스토밍의 차이를 이해하기 위한 예로 GPS(위성을 이용한 위치 정보 시스템) 이용에 대한 도코모의 회의를 살펴보자. 가령 사용자가 시부야에 도착하면 시부야의 쇼핑 정보를 휴대전화의 메일로 보내주는 서비스였다. 많은 멤버가 '이거 재밌겠는 걸?' 이라고 생각했고, 그 기술을 이용해보고 싶다는 분위기가 멤버들 사이에서 확산되었다. 그리고 그 계획에 찬성하는 사람들이 적극적으로 안을 제시했다.

그런데 멤버 중 한 명인 나쓰노 씨가 이렇게 말했다.

"나는 이런 서비스 마음에 안 들어. 그런 정보가 잔뜩 들어오면 오히려 귀찮기만 하다고. 정말 다들 그런 서비스가 필요하다고 생각해?"

'다른 사람의 의견을 부정하지 않는다'는 원칙이 있는 브레인스토밍이었다면 이 발언은 반칙일 것이다. 'GPS를 이용한 서비스'에 대해 모두가 열심히 안을 제시하는 중이었기 때문에 이처럼 근본부터 뒤집어엎는 '감상'은 아무래도 말하기 힘들다. 그러나 나쓰노 씨의 의견을 듣자 모두의 분위기는 '확실히 귀찮기는 할 거야…'라는 쪽으로 흘러갔고, 결국 쇼핑 정보를 보내주는 서비스는 취소되었다. 참고로 그 후 다른 회사에서 이 안을 실현했지만 대실패로 끝났다.

브레인스토밍에서는 '안'은 많이 나오지만 '감상'은 잘 나오지 않는다. 그런데 아이디어를 내는 데는 사실 이 '감상'이 매우 중요하다. 앞에서 말했듯이 '이런 것을 하고 싶어'라는 긍정적인 사고보다는 '왜 이런 게 없는 거야?'라는 불만에서 '블루 오션'을 찾아내기가 더 쉽기 때문이다. 휴대전화가 생긴 계기는 '공중전화가 없는 곳에서는 전화를 걸기가 불편해'라는 불만이었다. 편의점도 '한밤중에는 왜 가게가 하나도 안 열려 있는 거야?'라는 불만이 계기였다. 또 '전자지갑 휴대전화'도 '카드를 잔뜩 가지고 다니기가 귀찮아'라는 불만에서 탄생했다.

이러한 불만은 모두가 느껴본 적이 있지만 그렇다고 해서 '이것을 만들면 반드시 히트를 친다' 라는 근거는 어디에도 없다. 대개 기획을 할 때는 시장을 살펴보고 자료를 모아 예측 수치를 뽑는 등 논리적으로 형태를 구성해 제안한다. 얼라이언스 싱킹은 '이것을 하고 싶다' 가 아니라 '왜 이런 것이 없지? 이런 게 있었으면 좋겠어' 라는 논의에서 시작된다. 그래서 모두가 '맞아, 맞아' 라고 동감한다면 '그러면 어떻게 해야 실현할 수 있을까?' 라는 계획에 살을 붙이며 구체적으로 만들어 가게 된다.

세상에 없던 새로운 사업은 예측밖에 할 수 없으며 전례 자체가 존재하지 않으므로 감정에서 우러나온 발상이 필요한 것이다.

얼라이언스 싱킹에는 '리더' 가 필요하다

얼라이언스 싱킹으로 사물을 생각하면, 처음에는 진부하거나 모호한 아이디어였다 해도 사람들을 끌어들임으로써 그것을 점점 실현 가능한 것으로 만들어 나갈 수 있다. 다만 스스로가 '이것을 반드시 실현시키겠어' 라는 강한 열정과 추진력을 끊임없이 지니고 있어야 한다. 즉, 한 곳에서 '그건 힘들지 않을까?' 라는 감상을 들었다면 다른 곳에서 '그렇다면 이렇게 하면 되지 않을까?' 라는 의견을 듣는다. 그렇게 해서 방향타를 잡는 것이 여러분이 해야 할 일이며, 그렇기 때문에 **'얼라이언스에는 리더십이 중요' 한 것이다.**

얼라이언스를 진행하는 것은 버스에 많은 사람들을 태우고 운전하는 것과 같다. 그렇다면 목적지에 도착하기 위해서는 어떻게 해야 할까? 먼저 **중요한 것은 관계를 맺는 일**이다. 즉, 용기를 내서 "나는 이것을 하고 싶다. 이것은 회사에 도움이 된다" 라고 알리는 것이다. 실제로 나는 내 천성 때문이기도 하지만 회사 안에서든 밖에서든, 상사에게든 부하 직원에게든 거래처에든 비밀 엄수 의무를 위반하지 않는 범위 안에서 "이러이러한 생각을 하고 있습니다"라고 공개적으로 말한다. 덕분에 어느새인가 얼라이언스가 확대된 것이다.

물론 그렇게 해서 관계를 맺어 나가면 금방 꿈을 이룰 수 있다고 주장할 생각은 없다. 그러나 그런 사람들을 끌어들여 나가면 아이디어가 실현될 가능성은 높아진다. "나는 자동차를 좋아한다"라든가 "세계 유산에 흥미가 있다"든가 "맛집 순례가 취미다" 같이 일과는 직접 관련이 없는 정보라도 계속해서 알리는 것이 좋다. 그러다 보면 '공통의 관심사'를 발견하게 되어 얼라이언스가 확대될 가능성이 생기기 때문이다.

그렇게 해서 주위에 폭넓은 얼라이언스를 구축하고 여러분이 먼저 정보를 발신해 상대방의 '신뢰'를 얻는다면 그 다음에는 자연스럽게 상대방의 도움을 받을 수 있게 될 것이다.

기브 · 기브 · 기브 앤 테이크라는 발상 앞의 이야기와는 모순될지도 모르지만, 아무리 정보를 발신한다 해도 여러분을 도와줄 얼라이언스가 '금방' 생기지는 않는다. 도움을 받으려면 여러분은 그 얼라이언스를 유지, 관리하고 강화시키기 위해 신경을 써야 한다.

얼라이언스란 친목 모임과는 다르다. 단순히 인간적으로 좋아하는 관계나 사이가 돈독한 관계에 머물러 있는 한은 새로운 무언가를 기대할 수 없다. 친분만으로 성립된 인간관계가 아니라면 무엇 때문에 모인 것일까? 공통의 목적 또는 어떤 이점이나 관심사가 있기 때문일 것이다. 따라서 얼라이언스를 활용하고 싶다면 상대방에게 지속적으로 이익을 제공해야 한다. 그 이익은 무엇일까? 어렵게 생각할 필요는 없다. **그 상대 회사나 개인이 안고 있는 고민이나 꿈을 함께 생각하는 관계가 되면 되는 것이다.** 그렇게 해서 자신이 가지고 있는 것을 상대방에게 끈기 있게 알려 나가면 '신뢰'를 얻을 수 있다.

이를 위해서는 진행 상황을 끈기 있게 알리는 동시에 아이디어가 항상 진행 중임을 보여줘야 할 필요도 있다. 누군가에게 조금 부정적인 말을 들었다고 해서 "역시 이건 안 되겠네요"라고 여러분의 입으로 말해버린다면 기대 속에 모였던 아이디어와 신뢰가 단숨에 날아가 버릴 수도 있다. 여러분이 얼라이언스를 맺은 상대는 어쩌면 아직 여러분의 아이디어에 부정적일 수도 있고 여러분의 능력을 인정하지 않을지도 모른다. 그래도 여러분이 아이디어를 실현하기 위해 행동하고 있음이 상대방에게 전해지고 상대방이 '내 문제를 함께 생각해준다'고 생각한다면, 상대방이 여러분에게 협력할 가능성은 높아진다.

내가 '전자지갑 휴대전화'라는 프로젝트에 도전했을 때도 나는 항상 주위 사람들에게 '이 프로젝트는 귀사를 위한 것이기도 하다'는 점을 알렸다. 물론 밑바탕에는 내 욕심도 있었을지 모르지만 어디까지나 '상대방에게 이익을 준다'는 마음가짐으로 생각했다.

'기브 · 기브 · 기브 앤 테이크' 라고 생각하자. 상대방에게 3개의 이익을 줬을 때 자신은 1개만 받을 수 있으면 된다. 그러면 자연스럽게 상대방도 여러분의 이익을 추구하기 시작하므로 이것이 융합되면 여러분이 얻을 수 있는 이익도 커질 것이다.

Chapter 3

얼라이언스 정보 정리술

'저절로 정보가 모이는 사람' 으로 변신하자

'저절로 정보가 모이는 사람'이 되자!   얼라이언스라는 발상을
통해 '정보 수집'과 '정보
정리'라는 말이 지니는 의
미도 180도 바뀐다. 애초에 왜 '정보 수집'이나 '정보 정리'라
는 작업에 고민하는가 하면 결국은 '좋은 정보'를 발견하기가
좀처럼 힘들기 때문이 아닐까? 정보 자체는 세상에 넘치고 넘치
지만 그중에서 자신에게 필요한 정보, 즉 업무나 아이디어로 이
어지는 정보를 수집하고 필요한 시기에 그것을 효율적으로 이용
할 수가 없듯이 말이다. 그런데 이 장에서 소개하는 '얼라이언
스 정보 정리술'은 이러한 문제를 깨끗이 해결해준다. 이 노하

우를 습득하면 '정보 수집'이나 '정보 정리'의 필요성이 기본적으로 사라지기 때문이다.

'얼라이언스 정보 정리술'에서 정보는 '모으는 것'이 아니라 저절로 '모이는 것'이다. **스스로 정보를 찾아다니지 않아도 자신이 먼저 정보를 발신하면 얼라이언스를 맺은 사람들이 자동적으로 정보를 가져다주기 때문이다.** 내 경우는 전자지갑 휴대전화와 휴대전화에 대한 정보를 발신한 결과, 신용카드 회사의 사람에게서는 신용카드에 관한 정보가, 편의점 업계의 사람에게서는 편의점에 관한 정보가 자연스럽게 들어왔다. 그것은 각 업계의 프로 중의 프로가 보유한 살아 있는 정보였다. 때문에 인터넷을 검색하거나 서점을 돌아다니며 얻는 정보보다 훨씬 신선했으며 신뢰도도 비교할 수 없었다. 그리고 그런 정보를 받은 나는 그것을 혼자서 정리 가공하지 않고 조합해서 다른 사람에게 발신했다. 가령 어떤 특정 분야의 정보를 얻었다면 내용을 대충 이해한 다음에 'A가 이 문제에 흥미가 있을 듯하니 그에게 담당하게 하자. A가 그 분야의 전문가가 되었으면 좋겠군'이라는 생각으로 부하 직원 A에게 정보를 건네는 것이다. 물론 B라는 부하 직원이 "제가 하고 싶습니다!"라고 한다면 B에게 맡긴다. 즉, **정보를 얻으면 일단 대략적으로 파악한 다음 그**

정보를 혼자서 정리하는 것이 아니라 그것을 관리할, 혹은 보관할 얼라이언스를 정하는 것이다. 이렇게 하면 계속해서 새로운 정보가 A나 B를 통해 각 분야별 또는 거래처별로 축적된다.

자신은 그 허브 기지와 같은 역할만 충실하게 수행한다. 만약 부하 직원이 없다면 자신의 담당 분야 이외의 정보에 대해서는 동료를 얼라이언스에 끌어들여도 좋다.

정보는 그것이 필요한 사람에게 보냄으로써 더 큰 가치를 지닌다

그다지 표면화되지 않았을지도 모르지만, 많은 회사에서 부서나 과가 다르다는 이유만으로 정보가 거의 공유되지 않는 바람에 영업 기회의 손실과 말썽이 빈번하게 일어나고 있다. 그것은 모두가 정보를 혼자서 끌어안아 버리기 때문이다. "그 안건은 부장님 선에서 스톱이 됐습니다"라는 표현을 자주 듣는데, 이는 정보가 멈춰버렸을 뿐만 아니라 그 부장 자체가 보틀넥이 되어버린 것이다.

얼라이언스 정보 정리술은 언뜻 보면 '일을 다른 사람에게 넘기기만 할 뿐'인 무책임한 처사로 생각될지 모르지만 그것은 오해다. 정보를 되도록 빠르게 주위 사람들에게 전달함으로써 그 정보가 가야 할 것을 명확히 하는 것이다. 가령 '편의점 관련 정보'가 들어오면 B에게 보낸다는 의식이 있으면 다른 사람도 반드시 B에게 그런 정보를 보내게 된다. 그 결과 편의점 관련 정보와 관련된 안건에 대해서는 모두 B와 상담하게 되고, 이에 따라 B는 다른 멤버에게도 편의점 관련 정보를 발신하게 된다. 그러면 **하나의 정보가 어딘가에서 정리 · 가공되어 몇 배나 중요한 정보로 탈바꿈해 다시 자신에게 돌아오게 되는 것이다.**

그런데 네덜란드의 스히폴 공항이나 싱가포르의 창이 공항 같은 허브 공항(항공 노선망의 중심으로 기능하는 '거점 공항')을 보면 모두 모여드는 비행기와 화물, 사람으로 북적댄다. 마찬가지로 얼라이언스 속에서 정보의 허브가 되는 여러분 자신은 혼잡하게 얽힌 다양한 정보에 혼란 상태가 될 가능성도 있다. 이러한 사태를 효과적으로 제어하기 위해서는 공항으로 치면 관제탑이 되어야 한다. 그리고 이를 위해서는 **정보를 얻으면 최대한 빠른 시간 내에 발신하는 것이 중요하다.**

그리고 또 한 가지 중요한 점이 있는데, **'철저하게 정보를 분류해 얼라이언스에 발신하고는 버리는 것'이 정보를 교통 정리하는 비결이다.** 그리고 발신해야 할지 어떨지 '고민되는' 정보는 과감히 버린다. 공장이나 점포는 정보를 얻어 즉시 발신하는 작업을 5초 안에 처리하도록 철저히 관리되고 있다. 그러나 특히 화이트컬러의 작업장에서는 그와 같은 정보 발신 속도에 대한 논의조차 제대로 되고 있지 않다.

'점심 식사' 야말로 최고의 정보 수집술이다

'얼라이언스 정보 정리술'의 기본은 역시 뭐니 뭐니 해도 '사람'이다. 그리고 나의 경우 가장 효과를 보고 있는 '사람을 활용한 정보 수집술'은 '점심 식사'다.

왜 점심 식사가 가장 효과적일까? 먼저 오해하지 말아야 할 점이 있다. 아무리 이업종교류회나 세미나에 열심히 참석한다 해도 가만히 있는데 정보가 술술 들어오지는 않는다는 사실이다. 그것만으로는 얼라이언스를 늘릴 수 없다. 여러분의 친구나 지인이 갑자기 "이런 괜찮은 정보가 있는데 들어보시겠소?"라며 정보를 주는 일은 거의 없을 것이다. 애초에 그런 좋은 정보가 있다면 남에게 가르쳐주지 않고 자신이 독점하려 하기 마련이다.

그러므로 **여러분이 필요로 하는 정보를 주위 사람들에게**

서 얻으려면 반드시 '나는 이러이러한 사람이고 이러이러한 한 일을 할 수 있습니다. 그리고 이러이러한 정보를 원합니다'라는 정보를 먼저 발신해야 한다.** 계속해서 그와 같은 정보를 발신하다 보면 "그거라면 ○○씨가 잘 아니까 소개시켜 드리죠"라든가, 반대로 "그렇습니까? 마침 저도 같은 고민을 하고 있었습니다"라는 반응이 나와 자연스럽게 자신이 원하는 정보에 다가갈 수 있게 된다. 그리고 **사실 아이디어를 위해 정말 필요한 정보는 정보의 그늘에 감춰진 '감정'이나 '본심'일 때가 많다.** 그렇기 때문에 회의실에서 눈치 보며 질문을 던지기보다 '잡담 나눌 기회'를 만드는 편이 정보 수집에 훨씬 효과적인 것이다.

그렇다면 어떤 자리가 '잡담 나눌 기회'를 만들기에 가장 쉬울까? "한잔하러 가시겠습니까?"라는 이른바 '술 커뮤니케이션'도 좋지만, 이 방법은 상대방의 시간을 적어도 두세 시간은 빼앗는다는 단점이 있다. 그리고 대개 술이 들어가면 친해지는 것은 좋은데 업무와 관련된 이야기가 줄어드는 경향이 강하다. 또, 친구라면 모를까 업무상 알게 된 사람에게 "우리 잡담이나 할까요?"라고 권하기는 힘들 것이다. 하물며 상대가 나름 신분이 높은 사람이거나 연상이라면 말할 것도 없다.

그러나 "점심 식사나 같이 하시겠습니까?"라는 제안은 의외로 하기 쉽다. 저녁 식사나 그 이후의 시간은 각자 예정이 있거나 집에서 식사를 하는 등 천차만별이지만 점심 식사는 대부분 밖에서 하기 때문이다. 저녁 식사와는 달리 점심 식사는 업무 사이에 있고 시간도 제한되어 있어 상대방의 시간을 방해하지 않는다는 배려도 느끼게 할 수 있으며, 여성이나 상사에게도 쉽게 제안할 수 있다. 게다가 제안한 이쪽에서 점심을 산다고 하면 상대방도 나쁘게 생각하지 않을 것이다. 고급 레스토랑도 점심 메뉴는 그다지 비싸지 않은 곳이 많다.

또한 점심 식사는 이야기할 수 있는 시간이 어느 정도 정해져 있기 때문에 본건에 들어가기가 편하다. 점심시간을 1시간으로 잡아 이것저것 전부 물어보려는 욕심을 버리고 핵심에만 집중하면 생각보다 귀중한 이야기를 나눌 수 있다. 가령 나는 '그 사람이 어떤 사람인가?' '지금 무엇에 관심이 있는가?' '내 생각에 대해 어떻게 생각하는가?' 같은 부분에 집중한다. 그런 정보만 들을 수 있다면 일에 대한 상세한 이야기는 나중에 이메일을 주고받거나 직접 만나서 이야기하면 되기 때문이다.

상대방에게 꼭 묻고 싶은 질문 등 특별한 용건이 없을 때라도 상대방의 근황이나 관심사, 흥미에 관한 이야기를 듣

기 위해 점심 식사를 같이 하도록 하자. 그럴 마음만 있다면 단순한 잡담 속에서도 다양한 정보를 얻을 수 있으며, 이는 설문조사의 회답이나 업무상의 면담에서 얻은 정보보다 훨씬 도움이 될 것이다.

그리고 점심 식사의 가장 중요한 의의는 정보 수집과 동시에 **'이 사람은 신뢰할 수 있는 사람인가? 앞으로 함께 즐겁게 일할 수 있을 것 같은가?'를 자신의 눈으로 직접 보고 판단할 수 있다는 점이다.** 구글의 입사 시험에서 가장 중요시되는 점은 '그 사람과 함께 일하고 싶은가?' 라는 이야기를 들은 적이 있다. 이처럼 점심 식사를 이용한 얼라이언스는 바로 이러한 '신뢰할 수 있는 사람' 과 관계를 돈독히 하기 위한 수단이다.

사람은 상대방이 갑자기 접근하면 방어 본능이 발동해 거리를 두려고 한다. 그러므로 일단은 그 사람에 대해 나름대로 알아본 뒤 점차 친밀도를 높이는 편이 오랫동안 친분 관계를 유지할 수 있다. 물론 단번에 의기투합해 친해질 때도 있지만, 비즈니스상의 얼라이언스는 시간을 들여 상대방을 이해하고 자신을 이해받으며 또한 어느 정도 거리감을 두는 편이 효과적이다. 점심 식사를 위해 다소 지출을 해야 하는 것도 사실이지만 책 몇 권 산다는 생각으로 일주일에 몇 번 점심 식사를 같이 해보자. 그렇게만 해도 귀중한 정보를 많이 수집할 수 있다.

실제로 나는 아무런 연관도 없는 점심 식사 자리에서 "그거라면 ○○씨가 전문가니까 나중에 셋이 점심이나 같이 하죠"라는 제의를 받고 그것이 비즈니스로 이어져 단순한 정보 수집 이상으로 얼라이언스를 넓힌 적이 여러 번 있다.

얼라이언스 점심 식사는 필연의 비즈니스 커뮤니케이션이다

점심 식사 시간에 만나는 것은 좋다. 허나 장소나 업무 시간을 생각하면 '점심 식사에 초대할 수 있는 사람'은 제한되어 있지 않을까? 이런 의문도 품을 수 있다. 그러나 이것 또한 점심 식사에 대한 고정 관념이다. 일반적으로 회사 안에서든 밖에서든 점심 식사를 함께 할 때는 "벌써 점심이네요. 같이 가시지 않겠습니까?"와 같이 시간이 맞아떨어지는 우연의 산물일 때가 많을 것이다.

그러나 나는 **점심 식사를 우연이 아닌 확실한 정보 수집 수단이자 즐거움으로 생각한다.** 미리 '점심 식사를 함께 할 수 있도록' 일정을 잡는 것이다. 그래서 2개월 전부터 '긴자에서 점심 식사'라는 일정을 잡을 때도 종종 있다. 또 나는 '되도록 점심시간의 일정이 공백이 되지 않도록' 노력한다. 그러면 점심 식사 얼라이언스를 위한 일정을 의식적으로 관리할 수 있게 된다. 가령 2주 뒤에 시부야에 갈 일이 생겼다면 '누구 없을까?' 하고 이런 저런 사람들을 머릿속에 그려본다. 그래서 '아, 그러고 보니 그 사람하고는 한동안 만나지 못했군' 하고 생각이 미치면 ' ○월 ○일에 점심 식사 어떻습니까?' 라고 메일을 보낸다. 이런 식으로 점심 시간을 채워 나가면 자연스럽게 인간관계를 넓힐 수 있다.

얼라이언스를 위한 점심 식사에서 가장 중요한 점은 상대방이 귀중한 시간을 내준 데 대한 '감사'를 잊지 않는 일이다. 그래서 나는 되도록이면 상대방의 직장에서 가까운 레스토랑으로 간다. 만약 상대방의 직장이 출입이 제한된 곳이 아니라면 가급적 찾아가 보도록 하자. 그 회사의 분위기를 아는 것은 얼라이언스를 맺을 때 의외로 중요하다.

내가 예전에 전무로 일하던 시에이모바일의 소토카와 유즈루 사장과 점심 식사를 같이 한 뒤 처음으로 그 회사를 찾아갔을 때였다. 회사로 들어가자 "어서 오세요!"라는 커다란 목소리를 들렸다. 그 회사에서는 손님이 찾아오면 모두가 "어서 오세요!"라고 함께 인사하는 습관이 있었다. 점심 식사를 같이 한 김에 실제로 회사를 찾아간 덕분에 '젊고 활기찬 회사구나' 라는 새로운 발견을 할 수 있었던 것이다.

점심 식사의 효과는 정보 수집만이 아니다. 유니클로의 전 사장이자 지금은 리뱀프의 대표 파트너인 다마쓰카 겐이치 씨와 점심 식사를 했을 때 있었던 일이다. 아오야마 교차로를 걷고 있는데 택시에 타고 있던 다마쓰카 씨가 나를 발견하고 말을 걸었다. 오랜만에 만나는 것이어서 며칠 뒤 내 주특기를 발휘해 "점심 식사라도 같이 하시겠습니까?"라고 권했고, 다마쓰카 씨가 이에 응해 식사를 같이 하게 되었다. 다마쓰카 씨는 상당히 바쁜 사람이기 때문에 당연히 내가 근처로 찾아갔다. 식사를 하면서 귀중한 이야기를 듣고 많은 정보를 교환할 수 있었는데, 무엇보다도 그 활력 넘치는 자세에 나도 힘을 얻을 수 있었다. **그와 같이 성공한 사람과 만남으로써 정보뿐만 아니라 활력을 얻고 감성을 느끼는 것도 점심 식사가 주는 또 한 가지 즐거움이다.**

상대방에게는 '평범한 점심 식사' 일지 모르지만 나는 비즈니스 서적 수십 권과 맞먹는 가치가 있는 '살아 있는 비즈니스' 라는 생각으로 약속을 잡는다. 장소와 시간도 상대에게 맞춘다. 이 원칙은 상대방이 부하 직원이나 학생이라고 해도 바뀌지 않는다. 젊은 사람과 같이 하는 점심 식사도 내게는 자극이 되며 소중한 경험이다.

이러한 내 방식은 서양의 '블랙퍼스트 미팅Breakfast Meeting'과 비슷하다. 그러나 일본에서는 아침부터 약속을 정하고 만나는 관습이 일반화되어 있지 않다. 게다가 괜히 일찍부터 서두르게 만드는 것도 마음에 걸릴 것이다. 그렇다면 점심시간을 효과적으로 활용해야 하지 않겠는가?

얼라이언스를 맺을 때는 '비효율'을 중시하라

앞에서 점심 식사를 이용한 정보 수집에 대해 이야기했는데, 많은 사람과 만나서 정보를 얻으려면 아무래도 '효율성'을 중시하기 쉽다. 그러나 '얼라이언스 정보 수집술'에서는 오히려 '비효율적이어도 상관없으니 사람을 만난다'는 발상이 중요하다. 결과적으로는 그러는 편이 자신에게 돌아오는 것이 커질 때가 많기 때문이다. 눈앞의 정보만 생각하는 것이 아니라 미래를 위해 '투자'한다는 발상이다.

아마도 다른 사람에게 정보를 얻을 때 시간 효율이 가장 좋은 수단은 이메일이며 그 다음이 전화, 가장 효율이 떨어지는 수단이 직접 만나는 방법일 것이다. 메일이나 전화로 '필요한 내용만 콕 집어서 구체적으로' 알아낸다면 분명히 효율은 좋아진다. 그러나 나는 누군가를 얼라이언스에 끌어들일 때는 되도록이면 둘이 직접 만나서 이야기하는 것이 가장 좋다고 생각한다. 만나서 이야기하면 '이야기하기 전에 묻고 싶었던 정보 외에 지금 상대방이 말하고 싶어 하는 정보'를 얼마든지 얻을 수 있기 때문이다. **항상 얼라이언스를 의식하고 있으면 평범한 대화 속에서 예상치 못했던 새로운 아이디어나 발상, 전개를 발견하기도 한다.**

물론 직접 만나봤지만 별다른 이익이 없을 때도 많다. 그래도 몇 달 뒤, 몇 년 뒤에 자신에게 어떤 정보가 필요하고 어떤 능력이 필요한지는 아무도 알 수 없다. **그렇다면 당장 도움이 되느냐 안 되느냐는 단기적인 시점으로 바라볼 것이 아니라 최대한 많은 사람들의 이야기를 듣고 공부한다고 생각하는 편이 낫지** 않을까? 그래야 언젠가 예상치도 못하게 자신을 도와줄 사람을 만날 가능성이 높아진다. 일단 자신이 먼저 정보를 발신하고 행동해야 변화가 일어나는 것이다. 행동하느냐 안 하느냐는 판단에 시간을 빼앗겨서는 아무 진전도 없다.

상대를 제한하지 않는 것은 과거의 인맥에 대해서도 마찬가지다. NTT도코모를 그만둔 지 2년이 되었지만 지금도 당시 같이 일하던 동료들과 '병아리 모임'이라는 그룹을 만들어 정기적으로 모인다. 별로 특별한 이유는 없다. 도코모 본사가 있는 다메이케산노 근처에 위치한 '병아리'라는 이름의 닭강정집의 닭강정이 너무 맛있어서 같이 먹자는 취지로 생긴 모임이다. 이 모임에는 옛날 부하 직원이나 지금은 회사를 옮긴 사람들을 포함해 많은 사람들이 있다. 사실 회사를 옮기게 되면 '사표를 낸 회사의 사람들과 만나고 싶지 않다'고 생각하는 사람도 많겠지만, 내 경우는 '과거에 함께 일했던 동료들이 있었기에 지금의 내가 있을 수 있었다'라는 감사의 마음이 크다. 부하 직원이나 동료는 나와 함께 싸웠던 동지이기 때문에 그들의 성장은 내게도 기쁜 일이며 그들의 고민과 고충은 언제나 내 마음을 아프게 한다. 이제는 예전의 부하 직원이 나를 '히라노 부장님'에서 '히라노 씨'로 부르게 되었지만, 다양한 업계 이야기를 허심탄회하게 나눌 수 있는 매우 소중한 기회다.

새로운 인맥과 정보를 찾아다니는 것도 중요하지만, 사실은 과거의 인맥을 어떻게 활용하느냐에 따라 그 사람에게 들어오는 정보의 양이 몇 배나 차이 나기도 한다. 어째서인지 나는 "회사를 바꾸고 싶습니다"라든가 "일 때문에 고민입니다"와 같은 상담을 자주 받는다. 물론 그런 상담을 받아주면서 '이것을 기회로 얼라이언스를 만들자' 거나 '나중에 뭔가 돌아오겠지' 라는 생각은 하지 않는다. 그러나 결과적으로는 몇 년 뒤에 그 사람들에게 귀중한 정보를 얻거나 사람을 소개받을 때가 자주 있다.

인맥 만들기에 너무 열중하는 사람은 '이 사람과 관계를 트는 것이 내게 이익이 되는가' 라는 점에 지나치게 얽매이는 경향이 있다. 그러나 그래서는 인간관계가 제한되며 사람을 만나는 것도 즐겁지 않게 된다.

어디에서 어떤 정보가 어떻게 여러분의 손에 들어올지는 알 수 없다. 그러니 최대한 많은 사람들에게 도움이 될 수 있도록 최선을 다하자. '나' 라는 존재가 상대방의 마음속 한구석에라도 자리할 수 있도록 적극적으로 노력하는 자세가 중요하지 않을까?

**멜팅포트 이론 –
보물 창고는 의외의 곳에 숨겨져 있다**

뉴욕이라는 도시가 수많은 성공자를 배출하는 이유는 무엇일까? 어떤 사람들은 뉴욕이 '여러 인종이 뒤섞인 곳(Melting Pot)'이기 때문이라고 설명한다. 나는 정보도 이와 마찬가지라고 생각한다. **이질적인 가치관에서 생겨난 이질적인 정보들이 접촉하면 새로운 발상이 태어나기 쉬운 것이다.** 이것을 나는 '멜팅포트 이론'이라고 부른다.

얼마 전에 친구의 소개로 자민당의 아소 다로 씨와 이야기를 나눌 수 있었다. 그곳에는 니혼코교 은행 시절의 동기이자 지금은 민주당 참의원 의원인 아사오 게이이치 씨와 금융 업계의 지인들도 몇 명 있었다. 자민당과 민주당의 정치가가 같은 방에서 이야기를 나눈다는 상황 자체도 흥미로웠고, 또 여기에 금융 업계의 시각까지 섞여 공부가 될 만한 의견이 많이 나왔다. 그러나 그 이상으로 큰 소득은 이제껏 정치에는 조금도 흥미가 없었던 내게 여러 가지 문제의식이 싹텄다는 사실이다. 민주당이나 자민당이나 말로 표현하는 의견은 다르지만 그 발상의 시작은 양쪽 모두 '나라를 좋게 만들기 위한 정치'라는 당연하다면 당연한 점을 새삼스럽게 느낄 수 있었다. 이와 같은 감상은 어떤 일에 도움이 되는 답으로 곧바로 직결되지는 않았지만 나 자신의 생각에 여러 가지 새로운 '깨달음'을 주었다.

자신의 눈과 귀로 직접 얻는 정보에 대해 생각해보자. '편의점 업계에서 앞으로 성장할 것 같은 부분은?' 이라는 정보가 필요하다면 잡지나 인터넷에서 일정 수준의 정보를 쉽게 손에 넣을 수 있을 것이다. 그러나 그런 정보에는 지식인이나 언론의 해석이 가미되어 있으므로 실제 사실이 어떤지는 알 수 없다. 왜 이런 이야기를 하느냐 하면, 세상에는 선입견으로 굳어져 버린 것이 매우 많다는 말을 하고 싶어서다. '전자지갑 휴대전화' 프로젝트도 신문 보도 등으로 누설된 정보 중에는 '사실은 완전히 잘못된' 내용이 많았다. 그러나 많은 사람들은 그것을 '올바른 정보'라고 생각하고 그 정보를 전제로 멋대로 행동한다. 그런 경험을 통해 내가 느낀 바는 **올바른 정보나 신선한 정보를 얻으려면 직접 접하는 수밖에 없다**는 것이다. 정보를 모을 때는 '자신의 머리로 생각한다'는 과정이 매우 중요하다.

가령 유통업계의 정보를 모으기 위해 인터넷상의 정보를 샅샅이 뒤진 사람이 있다고 가정하자. 그 사람은 아마도 상당한 정보통이 되었을 것이다. 그런데 같은 시간 동안 백화점과 쇼핑몰을 일일이 돌아다니며 그곳에서 일하는 사람들의 이야기를 적극적으로 들은 사람이 있다고 하자. 이런 행동을 '효율이 떨어진다'고 생각하는 사람도 있을 것이다. 하지만 사실은 자신의 눈으로 보고 자신의 귀로 들으며 자신의 머리로 생각한다는 면에서는 인터넷상의 정보만 뒤진 사람에 비해 '실체험'이라는 소중한 감각을 얻게 된다. 일의 결과를 좌우하는 것은 '얼마나 많은 정보를 모았는가'가 아니라 '그 정보에서 뽑아낸 자기 자신의 아이디어'다. 어느 쪽이 효과적인 정보 수집술인지는 누가 봐도 금방 알 수 있을 것이다.

정보를 많이 알면 '만물박사'는 될 수 있을지도 모른다. 그러나 그 정보를 어떻게 느끼고 어떻게 활용할 것이냐는 시점이 없으면 새로운 가치를 창출하는 커다란 성과로는 이어지지 않는다. 중요한 점은 '얼마나 아느냐'가 아니라 '그 정보를 바탕으로 무엇을 생각해 어떻게 실행할 것인가'다.

**인적 정보는 모두
휴대전화로 관리한다**

얼라이언스 정보 정리술을 구사하면 정보에 휘둘리는 일은 없어진다. 다만 많은 사람을 얼라이언스에 끌어들이다 보면 당연히 '사람에 관한 정보'가 엄청나게 늘어난다. 명함 파일이나 주소록을 갱신하려면 그 노력도 만만치 않을 것이다.

예를 들어 유선 전화로 전화를 걸 때 여러분은 어떻게 전화번호를 찾는가? 명함철을 책상에서 꺼내 상대방의 명함을 찾는 작업에 쓸데없는 시간을 낭비하는 일이 적지 않을 것이다. 그래서 나는 예전에 컴퓨터에 엑셀 파일로 이름과 회사명, 주소, 전화번호, 이메일 주소를 입력해 검색만 하면 금방 전화번호와 이메일 주소를 알 수 있게 만들었다. 이렇게 하자 편리해지기는 했는데, 요즈음은 그것조차도 거의 쓰지 않는다. 지금 내가 정보 정리를 위해 주로 활용하는 도구는 컴퓨터의 메일 검색 기능과 휴대전화의 전화번호부다. 휴대전화는 전화나 메일이 오면 그대로 전화번호부에 등록할 수 있다. 그러면 다음부터 한 번에 상대방에게 연락을 할 수 있게 된다. 휴대전화에 정보를 집약해 놓으면 전철이나 택시 안에 있거나 출장을 갔을 때도 이메일이나 전화 연락을 할 수 있다. 최근에는 각 통신 회사에서 전화번호부 저장 서비스도 하기 때문에 만에 하나 휴대전화를 잃어버려도 안심할 수 있다. 휴대전화로 전화를 걸면 통화료가 비싸다는 문제는 있지만, 사내 IP전화를 병용하는 방법도 있고 최근에는 통신 요금 인하 경쟁이 치열해진 덕분에 활용이 쉬워졌다. 잘 깨닫기 힘들지만, 사실 여러분의 급료를 생각하면 명함철을 뒤지는 시간 비용이 더 높을 때가 많다.

편리해진 휴대전화의 기능을 활용하지 않는다는 것은 너무나 안타까운 일이다. 예를 들어 OCR(Optical character recognition, 광학문자판독장치)이 그렇다. 최근에는 정밀도도 높아졌기 때문에 카메라로 명함을 스캔해 그대로 휴대전화의 전화번호부에 저장할 수도 있다. 또 2차원 바코드인 'QR코드'를 읽어들이는 기능이 있는 휴대전화도 많아졌다. 그래서 2차원 바코드를 명함에 넣어 두면 이름과 주소, 전화번호, 이메일 주소를 자동으로 휴대전화의 전화번호부에 등록할 수 있게 된다. QR코드는 무료로 쉽게 만들 수 있으며 NTT도코모의 홈페이지에 작성 방법이 나와 있으니 시간 단축과 작업 효율화를 위해 꼭 써보기 바란다.

또 젊은이들 사이에서는 일반적이 된 기능인데, 자신의 정보를 자기 휴대전화의 전화번호부에 등록해 두면 그 정보를 적외선 통신이나 '전자지갑 휴대전화'에 붙어 있는 FeliCA의 비접촉 기능을 이용해 상대방에게 보낼 수 있다. 그렇다고 종이 명함이 없어지지는 않겠지만, 친해진 상대와는 휴대전화로 정보를 교환하는 편이 훨씬 더 서로의 거리를 좁힐 수 있다.

휴대전화를 이용해 정보를 정리하면 시간을 크게 단축하고 효율도 크게 높아지지만 주의해야 할 점이 하나 있다. 휴대전화의 이용 예절이다. 휴대전화가 보급됨에 따라 시점이 지나치게 '개인'을 향하게 되면서 '공공'의 장소와 시간이라는 의식이 희박

해지고 있다. 유능한 비즈니스퍼슨이라면 공공에 대한 배려도 잊지 말도록 하자.

**휴대전화와 구글을 활용한
'메일 정리술'**

'얼라이언스 정보 정리술'에서 중요한 점은 자신의 정보를 발신함과 동시에 자신이 얻은 정보를 빠르게 다른 사람에게 전달하는 것이라고 앞에서 말한 바 있다. 그 일환으로 나는 컴퓨터로 온 이메일도 반드시 24시간 안에 답장을 보내거나 전송한다. 주말이나 휴일에도 메일을 확인하는 것은 물론이다.

먼저 나는 약속 전화 등을 받으면 반드시 내게 메일을 보내달라고 부탁한다. 그리고 모든 메일은 구글 메일 주소로 전송되도록 설정해 놓는다. 구글 메일은 휴대전화에서도 확인할 수 있다. 야후도 가능하지만 검색 속도와 용량을 고려하면 현 단계에서는 구글이 더 편리하다. 때문에 나는 오로지 구글만 쓴다. 그리고 회사로 보내는 메일이든 집으로 보내는 메일이든 모두 구글 계정으로 모이게 해서 어디에서나 열람할 수 있는 상태로 만든다. 그것을 휴대전화에 즐겨찾기로 등록해 놓으면 쉽게 액세스할 수 있게 되는 것이다. 그렇게 해놓으면 출장을 가서든 전철을 기다리는 동안에든 집에서 텔레비전을 볼 때든 어느 주소로 온 메일이라도 모두 컴퓨터 이메일로 답장을 보낼 수 있다. "휴대전화로 문자를 찍기가 귀찮다"는 사람도 있겠지만, 가령 약속 확인 메일의 경우 "알겠습니다! 고맙습니다!"라는 단문을 휴대전화에 상용구로 등록해 놓으면 대략 5초 만에 약속을 확정할 수도 있다.

모든 메일을 휴대전화로 볼 수 있도록 설정하기만 해도 빈 시간을 효율적으로 이용할 수 있게 된다. 예를 들어 약속 전화가 왔는데 마침 외출 중이어서 일정을 알 수 없을 때가 있지는 않았는가? 혹은 회사에서 부재중일 때나 회의 중일 때 전화가 와서 책상에 메모가 남겨져 있을 때는 없었는가? 그 결과 상대방에게 전화나 메일 연락을 하는 시간이 몇 배는 늦어지고 만다. 실제로 저녁 때 회의나 외출을 마치고 돌아와 그때부터 답장과 전화를 반복하며 약속을 조정하다 보면 만날 때까지 이틀 정도를 낭비할 때도 많다. 그러나 전부 '이메일화化' 해서 그것도 휴대전화로 열람 가능한 상태로 만들어 놓으면 24시간 장소에 상관없이 빠르게 반응할 수 있다. 이는 '얼라이언스'라는 의미에서도 매우 커다란 이점이 된다.

얼라이언스의 기본은 사람과 사람의 신뢰다. 이를 위해서는 아무리 이쪽에서 상대방을 신뢰한다 해도 정보가 올바르게 상대방에게 전해지지 않는다면 의미가 없다. 그러나 자신의 진심이 상대방에게 제대로 전달되지 않을 때가 많다. 나만 해도 지금까지 "어? 그런 의미였단 말입니까?"라고 상대방에게 되묻는 상황이 수도 없이 많았다. 또 '그때 바로 확인을 했어야 했어!' 라든가 '이메일만 한 통 보냈으면 이렇게 문제가 확대되지는 않았을 텐데…' 라고 후회하는 일은 비즈니스의 세계뿐만 아니라 가족이나 친구 사이에서도 자주 일어난다. 실제로 '오늘은 접대가 있어서 저녁을 먹고 들어간다' 고 가족에게 메일을 한 통 보낸 것으로(물론 그것만으로 해결되지 않을 때도 있지만) 문제가 해결된 적은 없는가? 요리하는 사람이 불필요한 음식을 만들지 않고 그 시간을 다른 일에 활용할 수 있게 된다면 얼마나 도움이 될까? 직장에서도 약속 시간 5분 전에 '차가 막혀서 약속 시간에 10분 정도 늦을 것 같습니다' 라고 미리 전화를 걸면 상대방은 그 10분 동안 업무 전화를 두세 통은 걸 수 있다.

항상 상대방의 처지에서 생각하며 배려하는 자세는 오랜 신뢰 관계를 유지하는 데 매우 중요하다. 현재 독립한 나는 실제로 사무실에 가지 않아도 대부분의 업무를 집이나 외출 나간 곳에서 휴대전화로 처리한다. 최근에는 회사의 법령 준수나 보안 강화라는 명목으로 개인의 휴대전화를 직장에 가지고 들어가지 못하게 하거나 카메라 기능의 이용을 제한하고 노트북 컴퓨터의 반출을 금지하는 등 기본적인 비즈니스 효율화 도구가 이용 제한을 받고 있다. 나는 이것이 본말이 전도된 조치라고 생각한다. 사정을 모르는 바는 아니지만, 이러한 조치가 얼마나 큰 기회 손실을 가져오는지 잘 생각해봐야 한다. 극히 일부의 나쁜 사람들 때문에 많은 정직한 사람들의 업무 효율이 떨어진다면 너무나 안타까운 일이다.

회사의 매니지먼트는 항상 효율화와 법령 준수 등 여러 가지 사항을 어떻게 최적화하느냐에 달려 있다. 그렇기 때문에 회사의 가치를 최대화할 수 있는 방법을 적극적으로 선택해야 하는 것이다.

다이어리나 메모장이 필요 없는 쾌적 업무술

모든 일정을 구글 등 온라인에서 접속할 수 있는 일정표에 저장한다면 당연한 말이지만 다이어리도 필요가 없어진다. 구글의 캘린더는 휴대전화로도 볼 수 있는데, 아직 휴대전화에서 입력을 할 수는 없는 듯하다. 그러나 휴대전화로도 일정 입력과 삭제 변경이 가능한 무료 사이트도 있으니 이런 곳을 이용하는 방법도 추천한다.

또 휴대전화에는 메모 기능도 있는데, 이 기능도 매우 편리하다. 수첩에 메모를 하려면 반드시 펜이나 연필이 있어야 한다. 그런데 가령 만원 전철 속에서 어떤 생각이 떠올랐을 때, 혹은 길을 걷다가 영감이 떠올랐을 때 그 자리에서 펜을 꺼내 그 내용을 기록하기는 생각처럼 쉽지가 않다. 또 문득 중요한 생각이 떠올라 걸으면서 메모를 한 다음 나중에 읽어보니 뭐라고 썼는지 도무지 알 수가 없었던 경험은 없는가? 게다가 메모해 놓은 정보를 나중에 찾을 때면 '저번 달에 메모를 했던가? 언제쯤이었지?' 하고 헷갈려 찾는 데 의외로 시간이 많이 걸리기 마련이다. 그러나 그런 점에서 휴대전화는 생각이 떠오른 순간 꺼내들고 한 손으로 문자를 입력할 수 있다. 게다가 메모한 내용을 그대로 컴퓨터에 메일로 보내면 생각을 다시 확인할 수도 있고 워드 등으로 일정표에 정리해 놓거나 일원 관리할 수도 있다. 이렇게 해놓으면 나중에 메일을 검색하거나 일정표를 검색했을 때 거래처와 면담한 날의 내용을 한눈에 확인할 수 있고 그때의 메모도 쉽게 찾아낼 수 있다. 또 요즘 나온 휴대전화는 첨부 파일도 볼 수 있다.

그밖에도 버스 시간표나 시각적인 정보는 그대로 휴대전화의 카메라로 사진을 찍으면 단번에 해결된다. 사진을 보존해 놓으면 언제든지 필요할 때 확인할 수 있으며, 자신의 컴퓨터로 메일을 보내 정보로 일원 관리할 수도 있다. 휴대전화에는 이렇게 많은 기능이 있으니 작업 효율 측면에서도 꼭 활용해보기 바란다.

다양한 정보를 일원화해 휴대전화로 어디에서나 꺼내볼 수 있게 해놓으면 일도 인생도 효율적이 되어 놀랍도록 성과가 높아질 것이다.

**컴퓨터의 이메일도
효율화해야 할 부분은 효율화하자**

물론 사무실이나 집에 있을 때는 휴대전화뿐만 아니라 컴퓨터로도 메일을 보낸다. 그럴 때도 미리 해놓으면 편리한 것이 몇 가지 있다.

먼저 첫 번째는 '참조(CC)'를 효과적으로 사용하는 것이다. 특히 얼라이언스를 구사할 때는 사람들을 끌어들여야 하므로 1명에게 메일로 정보를 보낼 때 그 정보와 관계가 있는 사람에게도 보내 놓으면 같은 정보를 공유할 수 있다. 또 메일을 송신할 때는 자신의 주소도 '참조'에 넣어 두면 검색하거나 정렬할 때 상대방에게 받은 메일과 자신이 보낸 메일을 시간 순으로 볼 수 있어 매우 편리하다.

그리고 3명 이상이 만나는 경우 몇 번이고 계속해서 전화를 걸게 된다. 실제로 여러 사람이 만날 때는 약속을 조정하기 위한 전화가 오가는 것만으로도 30분은 걸릴 때가 적지 않다. 잘 깨닫지 못할 때가 많지만, 특히 많은 급료를 받는 화이트컬러일수록 이런 시간 낭비는 커다란 손실이다. 이럴 때 '참조'를 이용하면 단시간에 효율적으로 일정을 정할 수 있다.

이메일에는 '서명'이라는 것이 있다. 아직 쓰지 않는 사람도 많이 볼 수 있지만 여기에 회사명이나 직함, 전화번호, 이메일 주소, 주소를 적어 놓으면 상대방에게는 매우 편리하다. 이것을 가지고 'Ctrl+C, Ctrl+V'로 간단하게 주소록을 만들 수 있으니 꼭 활용했으면 한다. 회사에 따라서는, 또 일본인의 경우에는 서명에 일부러 직함을 쓰지 않도록 권하는데, 이것은 상대방에게는 매우 불친절한 처사다. 실제로 나는 상무였던 사람이 승진을 해서 전무가 되었는데 그걸 알지 못하고 상무라고 적어서 메일을 보낸 적이 있다. 이는 상대에게 실례며 나도 부끄러워진다. 또 전화번호를 생각하는 경우도 볼 수 있는데, 이메일을 보고 바로 전화를 걸어야 할 때가 적지 않으므로 상대방이 전화번호를 찾는 시간을 줄여준다는 의미에서도 전화번호를 적어 보내는 편이 좋을 것이다. **도구가 아무리 진화해도 상대방의 처지를 생각하는 배려는 여전히 중요하다.**

이와 같은 효율성과 상대방을 배려하는 관점에서, 나는 면담을 했거나 회식을 한 사람에게는 다음 날까지 반드시 인사 메일을 보내려고 노력한다. 비즈니스 매너로서도 중요한 일이지만 이렇게 해두면 메일 주소에 자동으로 그 사람의 정보가 입력되고, 답장까지 받으면 그 후의 정보 교환이 원활해지기 때문이다. 나중에 다시 연락을 할 때도 그 사람의 이름으로 이메일을 검색하면 과거부터 지금까지의 경위를 한눈에 볼 수 있어서 참으로 편리하다.

또 나는 메일을 보낼 때 첨부 파일명을 되도록 영어로 쓴다. 외국에서 오는 안건도 많아서 일본어 파일명으로 보내면 파일이 열리지 않을 때가 흔하기 때문이다. 그리고 용량이 큰 파일을 첨부하는 사람이 있는데, 회사 서버에도 부담이 될 뿐만 아니라 무엇보다도 상대에게 폐가 될 수 있으니 삼가도록 하자. 분할해서 보내도 좋고, 요즘에는 파일을 일정 기간 무료로 저장해주는 웹하드 사이트도 있으니 그런 사이트의 주소를 메일로 알려주는 방법도 있다.

마지막으로, 메일을 포함해 정보를 정리할 때는 'ㅇㅇ에 관한 정보'와 같이 제목을 기준으로 분류하기보다는 '누구에게 온 정보'나 '누가 취급하는 정보'와 같이 사람별로 분류하는 편이 나중에 쉽게 검색할 수 있다.

회사에서는 모든 파일을 담당자 단위로 폴더화해 공유할 수 있게 만들면 좋다. 필요한 정보는 멤버들이 함께 분류해 그곳에 넣어 두면 각 담당자가 정리해주므로 매우 편리하다. 또 정보를 주고받은 경위를 발신자별로 정렬해 시간순으로 나열하면 간단한 인터뷰 자료가 된다. 이것을 파일로 만들어 개인별 폴더에 정리해 놓으면 '저 사람에게 어떤 정보를 물어야 할까?'를 고민할 때 도움이 된다.

정보 수집의 기본 도구

이 장에서는 '얼라이언스 정보 정리술'이라는 주제로 주로 점심시간의 활용과 휴대전화의 효과적인 이용법에 대해 설명했다. 그런 면에서 일반적인 정보 정리술과는 다른 부분도 많았을 것이다. 그러나 물론 나도 정보를 모을 때는 당연히 인터넷도 활용하고 책도 뒤진다. 그래서 마지막으로 정보 수집의 기본적인 도구에 대해서도 다룰까 한다.

내가 인터넷에서 정보를 모을 때 주로 활용하는 도구는 '구글'과 '위키피디아Wikipedia', 그리고 '닛케이텔레콤21(http://telecom21. nikkei. co. jp/)'이다. 특히 '닛케이텔레콤21'은 유료 회원제 데이터베이스이기는 하지만 신문이나 잡지 기사를 검색할 수 있어서 매우 편리하다. 이것만 있으면 잡지를 집에 보관해 놓지 않아도 필요한 때 필요한 정보를 찾아낼 수 있다. 그리고 '닛케이텔레콤21'에는 '구글 알리미'와 같은 기능이 있어서, 특정 키워드, 이를테면 '전자지갑 휴대전화'나 '벤처' 같은 단어를 등록해 놓으면 그 단어가 들어 있는 뉴스나 기사를 이메일로 가르쳐준다.

또 은행원이라면 상식이지만 일반 기업의 경우에는 의외로 거래처의 신용도 확인, 이른바 여신 위험이라는 것에 무관심하다. 기업과 얼라이언스를 맺을 때는 면담을 하기 전에 반드시 그 회사의 홈페이지나 재무 상황, 최근 기사 등 다양한 정보원源을 통해 확인하도록 하자. 그밖에 데이코쿠 데이터뱅크(帝國データバンク)나 증권 회사가 발표하는 분석 보고서도 매우 유익하다. 특히 애널리스트가 향후 기업 전략 등을 예상해주므로(주가 예상 보고서

이므로 당연하다면 당연하지만) 얼라이언스를 진행하는 데 매우 중요한 정보라고 할 수 있다. 여기에 최근에는 법령 준수 위반이나 반사회적 세력과의 관계 등도 기업의 존망을 좌우할 가능성이 있으니 증권 회사에 문의하거나 인터넷 게시판을 참고 자료로 삼는 등 다양한 정보 도구를 활용하자.

기업과 얼라이언스를 맺을 때는 그 기업의 현재 상황과 과제를 사전에 자세히 알아둬야 한다. 가령 뉴스에서 그 기업의 신제품 이야기가 나온 것을 기억해뒀다가 면담에서 이야깃거리가 떨어졌을 때 활용하면 '공부를 많이 해왔군'이라는 호감을 사서 위기를 기회로 바꿀 수 있다. 사람은 누구나 상대방이 자신의 회사나 자신에게 관심 있음을 느끼면 호감도가 높아지기 마련이다.

또 어느 정도의 지위에 있는 사람과 만날 때는 그 사람의 이름으로 이미지 검색을 해보는 것도 좋다. 그리고 기업의 정보를 수집할 때는 그 기업이 소속된 업계에 관한 간단한 안내책을 읽어볼 것을 추천한다. 대개는 취업 활동용으로 편집되어 있겠지만, 그런 만큼 매우 간결하게 정리되어 있어 이해하기 쉽다. 또 업계 전체의 문제를 대략적으로 파악해 놓기만 해도 상대방과 대화할 때 적절한 대답을 할 수 있다. 그러나 아는 척은 위험하므로 상대방의 이야기에 호응하는 정도로만 하자. 업계 안내책의 내용은 그 저자의 시점이 반영되어 있으며 정보도 오래된 것이기 때문이다.

여기에서 주의해야 할 점은, **모인 정보를 반드시 그대로 활용할 수 있는 것은 아니며 그보다는 얼라이언스를 만들기 위한 예비지식으로 사용한다**는 것이다. **다양한 정보를 사전에 입력해두고 다양한 사람들과 이야기 나눔으로써 정보를 조합한다.** 그런 의미에서 생각하면 어떤 정보든 가리지 않고 살펴보고 많은 사람들을 만나는 것이 얼라이언스 정보 정리술을 위해서는 결코 불필요한 행동이 아닌 것이다. 옛말에도 '급할수록 돌아가라' 고 하지 않았는가?

Chapter 4

얼라이언스 인맥술

'언제나 다른 사람의 도움을
받을 수 있는 인간관계'를
효과적으로 만들자

얼라이언스의 주체는 사람 대 사람이다　　'얼라이언스'라는 말의 존

재야 어떻든, 내가 처음으

로 '얼라이언스'적인 행동

에 눈을 뜨고 인간관계를 만들어 나간 상대는 니혼코교 은행 시

절의 상사였다. 그 상사는 모든 부하 직원들이 '얼굴을 마주치기

도 끔찍해서 회사에 출근하고 싶지 않다'고 생각하게 만들 정도

로 무서운 사람이었다. 내 선배는 눈이 마주치지 않도록 일부러

책상 위에 산더미같이 책을 쌓아 놓고 일을 할 정도였다.

　당시 나는 국제 업무부라는 곳에 있었다. 국제 전략을 세우는

부서였다. 그곳의 업무 중 하나는 행장을 비롯해 상층부 사람들

에게 설명하기 위한 자료를 A4 한 장에 정리하는 일이었다. 그런데 아무리 열심히 자료를 정리해도 그 상사에게 제출하면 눈앞에서 퇴짜 맞기 일쑤였다. 그리고 정해진 듯이 다음과 같은 대화가 오갔다.

"도대체 요점이 뭐지?"

"그러니까…."

"이걸로는 아무리 봐도 모르겠으니까 다섯 줄로 요약해서 설명해보게!"

"네… 그러면 첫 번째로…, 그리고 두 번째는…."

"그러면 여기에도 그렇게 써서 가져오게."

대개 설명 자료를 만들다 보면 '이것도 적어야지' '이런 위험성도 지적해야겠군'과 같은 생각에 글자 크기를 줄여서라도 되도록 많은 내용을 담고 싶어진다. 또 상사가 "이 문제에 대해서는 어떻게 생각하나?"라고 물어보면 담당자로서는 "그 문제에 대해서는 뒷면에 적어 놓았습니다"라고 말해주고 싶어지기 마련이다. 그러나 그 상사는 달랐다. **설명 자료는 다섯 줄로 정리해라**는 것이다. '행장이나 상무가 그 자료를 보고 어떤 판단을 내리기를 기대하는가?' '지점을 만들어야 하는가, 포기해야 하는가?' '검토가 좀 더 필요한가?' 등 무엇을 위한 자료인지를 철저하게 추궁한다. 그리고 경영 판단을 위해 필요한 여러 가지 위험 요소와 다른 시각에서 본 견해 등을 날카롭게 질문했다.

사실 보고서 작성에 대한 상사의 생각은 지극히 올바른 것으로, 결과적으로 지금 내가 자료를 만드는 방식의 원형이 되었다. 그러나 나도 당시에는 대학을 갓 졸업한 햇병아리여서 꾸중만 잔뜩 들었기 때문에 솔직히 말해서 그 상사를 좋아하지 않았다.

그런데 어느 날 전기가 찾아왔다. 어떤 나라에 사무소를 세워야 하느냐는 전략에 대해 이야기했을 때였다. 우리 부서는 한밤중까지 일하는 것이 일상다반사였다. 하루하루 힘들지 않은 날이 없었다. 그때도 기한은 코앞으로 다가왔지만 좀처럼 안건이 정리되지 않았다. 그래서 상사가 "휴일에 우리 집으로 와서 하면 어떻겠나?"라고 제안했다. 속으로는 '휴일에까지 상사 얼굴을 봐야 한단 말인가…' 라고 생각했지만 분명히 지금 상태로는 가망이 없었다. 어쩔 수 없이 투덜투덜 대면서 상사의 집을 찾아갔는데, 그곳에서 내가 본 광경은 너무나 의외였다. 부인과 아이들과 함께 있을 때의 상사는 너무나 자상한 아버지의 모습이었던 것이다. 게다가 부인에게 나를 "참 능력 있는 친구지"라고 소개해주기까지 했다. 무섭고 싫은 사람이라는 평소의 이미지가 순식간에 날아가 버리는 순간이었다.

생각해보면 카리스마가 있다는 말을 듣는 경영자도 평소에 백화점에서 물건을 살 때는 '평범한 아저씨'가 된다. 그날 이후 나는 사람에 대한 생각이 바뀌었다. **아무리 개성이 강하거나 나보다 능력 또는 경험이 몇 배는 뛰어난 사람이라도 인간 대 인간으로서 서로 통하지 않을 이유가 없다.** 그렇다면 상대가 누구든 적극적으로 접근하자. **그 사람이나 나나 똑같은 인간이므로 같은 방향을 향하고 있는 한은 '적'이 아니라 '아군'이 될 수 있다.** 선입견이나 고정관념은 없앨 수 있다. 나는 이렇게 마음먹었다.

이 생각이 '얼라이언스'라는 발상으로 이어졌다. 그 뒤에는 그 상사에게 혼이 나면서도 '내가 잘되라고 화를 내는 것이다'라고 생각할 수 있게 되었다. 그리고 부서를 이동하게 되었을 때쯤에는 그 상사에 대한 존경심과 감사의 마음으로 가득해졌다. 예전 같았으면 상상도 할 수 없는 일이었다.

'내 편으로 끌어들이는' 교섭술의 비결은 공격하지 않는 것

지금까지 치열한 교섭을 수없이 많이 해왔지만 지금도 나는 치열한 교섭의 현장으로 태연하게 뛰어든다. 그러나 '화끈하게 한 건 하고 오자'라는 생각으로 임하지는 않는다. 마치 전쟁터에서 백기를 들고 걸어가는 사절처럼 **처음부터 '나는 적이 아니라 동료입니다'라는 생각으로 상대방의 품으로 뛰어드는 것이다.**

이는 어쩌면 유소년기를 미국과 캐나다에서 보낸 탓에 평소부터 항상 '우호'를 중요시해왔기 때문인지도 모른다. 미국에서는 모르는 사람과 지나칠 때도 대개 "하이!"라고 인사하며 살짝 웃는다. 문을 열고 지나갈 때도 뒤에 사람이 있으면 반드시 문을 연 채로 조금 기다리며, 상대방이 그렇게 하면 고맙다고 인사하는 것을 당연시하는 문화다. 그런데 국민성의 차이인지 일본에서는 아쉽게도 그런 모습을 보기가 힘들다. 일본인이 무뚝뚝하다는 소리는 아니지만, 서양인이 일본인에 비해 상대방에게 자신의 마음을 전달하는 데 능숙하다.

이렇게 보면 얼라이언스 교섭술은 서양식이다. 그리고 상대방과 만나기 전부터 이미 시작된다. **먼저 이메일로 약속을 잡을 때부터 최대한 정중한 말투를 쓴다. 자신이 어떤 사람인지 상대방이 되도록 소상히 알 수 있게 정보를 제공한다.** 가령 블로그나 회사 홈페이지에 대한 정보 등도 상대방이 따로 찾지 않아도 되도록 이메일의 서명 칸에 적어 놓는다. 또 친근감을 담기 위해 실례가 되지 않는 범위에서 느낌표 등을 적극적으로 사용한다. 글은 아무래도 말보다 감정을 담기가 힘들기 때문에 약간 오버하는 정도가 좋다고 본다.

참고로 지금까지 수많은 사람들과 이메일을 주고받은 가운데 가장 감탄했던 것은, 초등학교 시절부터의 친구이자 지금은 세계적인 변호사가 된 이와쿠라 마사카즈 씨에게 온 메일이었다. 그는 메이지 시대의 정치가인 이와쿠라 도모미(岩倉正和, 1825~1883년)의 6대 자손인데, 상대방을 존중하는 정중하고 겸손한 문체를 사용했으며 답장을 보내는 속도가 누구보다도 빨랐다. 나는 이렇게 내가 받은 메일 등에서 괜찮다 싶은 문체는 적극적으로 흉내를 낸다.

면담을 하게 될 때는 웃음 띤 얼굴로 먼저 상대방의 근황 등과 관심사를 묻는다. 나는 **'행복하니까 웃는 것이 아니라 웃으니까 행복해지는 것이다'** 라는 말을 좋아한다. 먼저 웃음 띤 얼굴로 활기차게 말을 걸자. 상대방이 어두운 표정을 지으면 누구나 우울해지는 법이다.

다음에는 사전에 조사해 놓은 정보를 바탕으로 상대방이 관심 있는 주제를 이야깃거리로 삼으면 좋다. **먼저 상대방의 이야기를 듣고 나서 지금 자신이 생각하는 바를 상담하는 것이**

대화를 원활하게 진행하는 비결이다.

제삼자들을 잘 중개하기만 해도
얼라이언스의 결과가 달라진다

물론 아무리 철저하게 준비하고 행동하더라도 반드시 대화가 원활하게 진행된다는 보장은 없다. 특히 상대방과 만나기 전에 제삼자가 멋대로 나쁜 정보를 흘리는 경우가 그렇다. 예를 들어 A사의 A라는 사람이 거래처인 B사의 B, C사의 C와 안면은 없지만 이제부터 함께 일을 하려 한다고 가정하자. A와 B가 대화를 하는데 A가 악의는 없었지만 무심코 B에게 "B씨의 일처리 솜씨가 그리 뛰어나지 않다는 이야기를 C씨한테 들었습니다"라고 말해버렸다. 이 말을 들은 B는 아마도 C에 대해 '그런 이야기를 A씨에게 하다니 고약한 사람이군'이라고 생각할 것이다. 이렇게 해서 B와 C는 서로 직접 이야기해보기도 전에 불신하는 사이가 되어버린다.

그러나 이때 만약 여러분이 B라면 '누가 무슨 목적으로 그런 정보를 내게 말한 것일까?'를 냉정하게 생각해야 한다. 이 경우에는 A가 부주의하게 발언을 한 것이지만, 만약 A가 의도적으로 이와 같은 말을 했다면 이는 아마도 B와 C가 손을 잡으면 자신에게 곤란하기 때문일지도 모른다. 그러므로 여러분이 B라면 먼저 직접 C와 이야기해봐야 한다.

앞장에서도 말했지만 세상의 정보들은 대부분 누군가의 해석을 거친다. 그러므로 반드시 자신이 직접 그 정보를 접해서 자기 나름대로 느끼고 생각하며 행동해야 한다고 말했다. 이것은 커뮤니케이션을 할 때 매우 중요한 자세다. 실제로 나는 남에게 전해들은 아주 사소한 악담이 엄청난 손실을 초래하는 상황을 여러 번 목격했다. 그런 일을 미연에 방지하기 위해서라도 나는 B와 C가 직접 만나서 대화를 나눌 수 있도록 기회를 제공한다. 그러면 B와 C가 오해라는 장벽을 부수고 함께 공통의 목적을 위해 나아갈 수 있게 되기 때문이다.

자신과 상대방뿐만 아니라 자신이 알고 있는 제삼자들을 잘 중개하는 것도 얼라이언스 교섭술에서는 중요한 일이다.

얼라이언스 교섭술의 진수는 '즐거움'과 '온화함'

사실 니혼코교 은행과 NTT도코모의 경력 때문에 사람들이 나를 '교섭의 전문가'라고 생각하는 측면이 있다. 실제로 니혼코교 은행에서는 해외를 중심으로, 그리고 도코모에서도 몇몇 회사와 제휴를 성사시켰다. 그러나 내 교섭술은 이른바 '터프 네고시에이터'들과 같은 거친 방법은 아니다. 내 교섭 방법은 그 상대가 누구든 기본적으로 똑같다. **처음부터 협력 관계를 맺는 것**이다. 그런 다음 상대방에게 상사를 설득하게 하거나 직접 상대방의 상사를 설득한다.

물론 협력 관계가 되기 전에 "흥미 없습니다"라거나 "상사와 이야기해보겠습니다…"라는 말만 반복하며 도무지 진전을 보이지 않는 상대도 있었다. 그러나 내 자세는 어디까지나 '상대와 계약을 맺는다'는 생각이 아니라 '얼라이언스를 맺는다'는 발상이었다. 그리고 이를 위해 **이쪽이 제공할 수 있는 것을 상대방에게 제시해 '같이 하면 좋은 일이 있을지 모른다'고 생각하도록 만들었다.**

이 장에서는 얼라이언스를 만들기 위한 커뮤니케이션 기술과 인간관계 기술에 대해 이야기할 텐데, 그 **근본은 결코 '상대를 구워삶기'가 아니라 '상대방과 친해지는' 것이다.** 그렇게 하면 설령 어려운 교섭이라 해도 심리학적인 기술은 필요가 없어진다. **인간 심리의 바탕은 '즐거움'이나 '온화함' 같은**

매우 '원만한' 것이다. 비즈니스 서적에서 볼 수 있는 '교섭술은 이래야 한다' 는 교섭술에 대한 고정관념은 버리도록 하자.

저절로 사람들이 모여들도록 만드는 법 그러면 얼라이언스를 만들기 위한 커뮤니케이션을 할 때 어떻게 자신을 알려야 할까? 알기 쉽게 말하면 **'완벽한 사람' 보다는 '빈틈이 보이는 사람', '똑똑한 사람' 보다는 '조금 모자란 듯한 사람', '잘난 사람' 보다는 '애교가 있는 사람' 이 되도록 노력하는 것이다.**

나는 누가 봐도 '살찐' 체형인데, 이것이 얼라이언스를 구사하는 데 도움이 되었다. 변명 같기는 하지만 나도 날씬했던 시절이 있었는데, 그때는 '무섭다' 든가 '신경질적일 것 같다' 는 인상을 줘서 사람들이 접근하기가 힘들었다. 그러나 비즈니스퍼슨으로서 본격적으로 일할 무렵에는 누가 봐도 뚱뚱해졌고, 지금은 내 겉모습을 판다나 호빵맨 따위로 불러줘 매우 감사하다. 이러한 겉모습은 상대방에게 안정감 혹은 우월감을 줘서 내 주변에 사람들이 모여들도록 만드는 요소가 되고 있다. 그래서 이렇게 내가 이익을 보는 측면을 생각하면 메타볼릭 증후군이라며 다이어트에 정신이 없는 비즈니스퍼슨들에게 다시 한 번 생각해 보라고 말해주고 싶다. 물론 그만큼 건강관리를 더욱 철저히 해야겠지만….

물론 그렇다고 해서 내가 여러분에게 "살찌십시오"라고 권하는 것은 아니다. 누구나 인맥을 쌓고 싶을 때는 자연스럽게 자신을 어필하고 싶어질 것이다. 그러나 얼라이언스라는 것은 자기 어필을 한 당사자의 카리스마나 매력에 따라 만들어지는 것이 아니다. **그보다는 모두 '자신의 이익＋이 사람과 함께 일하고 싶은가'를 고려해 여러분의 동료가 되는 것이다.** 따라서 아무리 '정말 대단한 사람이야!' 라고 생각하도록 만들어도 상대방이 '결국 이익은 이 사람이 전부 가져가 버릴 텐데' '말솜씨에 넘어가서 사기를 당할 것 같아' 라고 느낀다면 얼라이언스를 맺으려 하지 않을 것이다. 가령 엄청난 미남에 말솜씨도 뛰어난 친구가 "미팅을 하는데 같이 갈래?"라고 권했다고 가정하자. 그러나 '어차피 여자애들은 다 얘한테만 관심이 있을 텐데 뭐' 라고 생각한다면 그다지 가고 싶은 마음이 생기지 않을 것이다. 오히려 '내게도 기회가 있겠군' 이라든가 '가면 좋은 일이 있을 것 같아' 라고 상대방이 느끼도록 만드는 편이 얼라이언스가 넓어진다.

얼라이언스적인 매력을 상대방이 느끼게 만들 수 있느냐 없느냐는 아주 작은 것에 좌우된다. 상대방과 면담할 때도 먼저 "바쁘신 와중에 이렇게 시간을 빼앗아서 죄송합니다"라고 사과를 하면 상대는 그것만으로도 '이 사람은 내 생각을 해주는구나'라고 느낀다. 특히 이메일이나 전화의 경우는 상대방의 얼굴이 보이지 않으므로 아직 그다지 친해지지 못한 상대에게는 지나칠 정도로 정중한 표현을 쓰는 것이 딱 적당하다고 생각한다. 또 남자의 경우 낮은 목소리로 전화통화할 경우 무뚝뚝하게 들리기 쉬우니 의식적으로 한 옥타브 정도 높게 말하도록 노력하자. 그밖에도 거래 상대와 그의 상사 등을 만났을 때 "담당을 맡은 ○○씨께서 너무 일을 잘해주셔서 정말 감사하게 생각합니다"라고 본인 앞에서 칭찬을 하면 상대방의 동기의식이 크게 높아진다. 물론 거짓말은 나중에 반드시 들통이 나므로 정말로 그렇게 생각할 때만 말하도록 하자.

이와 같이 **항상 상대방을 높이는 커뮤니케이션은 얼라이언스 관계를 원활하게 만드는 데 큰 도움을 준다.**

얼라이언스의 약점은 파워 게임

얼라이언스에서 가장 골치 아픈 문제는 이익을 얻지 못한 제삼자가 질투를 하거나 적대 세력이 되어버리는 일이다. 대개 얼라이언스를 맺는 상대는 '인간적으로 그 사람과 함께 일하면 기분이 좋다'거나 '업무상 그 사람과 관계를 맺으면 이익이 생기기 때문'이거나 둘 중 하나다. 나는 둘 중 어느 한 조건이라도 들어맞는다면 상대방을 굳이 배재할 필요는 없다고 생각한다. 그러나 안타깝게도 어떤 세계든 그 이면에서는 '질투'나 '이기심' 등의 감정에서 촉발되는 파워 게임이 벌어지고 있기 마련이다. 참고로 나는 그런 문제를 일으키는 사람이나 회사에 대해 '○○씨는 분명히 불행한 사람일 거야'라든가 '○○은 그렇게까지 곤란한 상황인가 보군'이라고 생각하려고 노력한다. '자신이 행복하지 않으니까 타인에 대한 질투와 무례한 태도, 행동을 보이는 것'이라고 생각하는 것이다. 이는 나는 그렇게 되지 않도록 경계하기 위함이다.

'남에게 피해 주는 사람'을 얼라이언스에 끌어들이면 자신뿐만 아니라 주위 사람들에게도 피해를 줄 가능성이 높아진다. 악평의 경우에는 그 사람에 대한 평가가 다른 사람들도 똑같을 때가 많다. 상대방에 대한 주위의 정보를 냉정하게 분석하고 자신의 머리로 판단한 결과에 따라 인간관계를 배제하는 결단도 필요하다. 적대 관계가 되어버리면 자신에게 마이너스가 될 뿐이기 때문이다. 무엇보다도 그런 부정적인 인간관계로 고민하는 시간 자체가 아깝다. **그러므로 장기적으로 시간을 확보한다는 의미에서도 '사람을 보는 눈'을 키우는 것이 중요하다.**

적대 관계가 되는 것을 피하려면 평소부터 "○○씨한테는 이런 이익이 있습니다"라는 정보를 발신하는 궁리도 필요하다. 또 '○○씨는 이런 것에 기뻐한다'와 같이 **상대방에 대해 철저히 인식하고 신뢰 관계를 쌓아 나가면 외부에서 흘러들어오는 부정적인 정보에도 잘 휘둘리지 않게 된다.**

그러나 상대방에게 아부를 떨거나 비위를 맞추라는 의미는 아니다. 얼라이언스라는 것은 어디까지나 **'자신의 목적을 달성하기 위해' 형성된 인간관계지 단순히 '좋은 사람이다'라든가 '신뢰할 수 있다'는 이유로 만들어진 개인적인 인맥이 아니다.** 그러므로 억지로 사이가 좋아지려고 의식할 필요는 없다. 요는 서로 같은 방향을 향해 나아간다면 어떤 상대와도 협력관계를 만들 수 있다는 것이다. 여기에 업무상의 인간관계이므로 적당한 거리감도 중요하다.

'공통의 목적이 있는 한 모두를 동료로 만들어 적을 없
앤다' 라는 대전제를 잊지 않도록 하자.

**'다시 만나고 싶어지는 사람' 이
되기 위한 3가지 조건**

사람들을 얼라이언스에 끌어들이기 위해 나는 상대방에게 3가지 동기를 부여해야 한다고 생각한다.

첫째는 '기대할 수 있다' 는 동기다. 이 사람과 함께 일하면
'뭔가 플러스가 된다. 얻는 것이 있지 않을까?' 라고 생각하게
만드는 것이다.

둘째는 '즐겁다' 는 동기다. 예를 들어 최근 큰 인기를 끌고
있는 바보 콘셉트의 연예인같이 조금 모자란 사람은 상대방에게
'우월감' 이라는 '즐거움' 을 줘 그곳에 있는 것이 고통스럽지 않
도록 만든다.

셋째는 '쾌적하다' 는 동기다. 칭찬하거나 고마워하는 것은
'쾌적함' 과 동시에 '열심히 하기를 잘했다' 라는 '즐거움' 과 관
련된 동기를 상대방에게 부여한다.

그밖에 중요한 것은 **'참가 의식을 부여하는' 일이다.** 이 역

시 '즐거움'을 주기 위한 커다란 포인트다. 함께 생각을 하거나 상대방의 체면을 지켜주면 상대방은 여러분의 '적'이 아닌 '아군'이 된다.

얼라이언스의 성공에 꼭 필요한 2가지 축

앞에서 말했듯이 얼라이언스를 통해 인맥을 만들기 위한 중요한 구성 요소라는 것은 분명히 있다. 그러나 역시 비즈니스에서는 '자신들이 이익을 본다'는 대전제 아래에서 동료가 되는 법이다. '전자지갑 휴대전화'의 경우도 협력해준 사람들 중에는 내가 그것을 실현할 가능성이 있는 NTT도코모라는 회사에 몸담고 있었기 때문에 그 안에 흥미를 보인 사람도 적지 않을 것이다. 관계도 없는 사람이 탁상공론을 말할 뿐이라면 그렇게 사람들을 끌어들일 수는 없다.

현재 NTT도코모에서 독립한 나의 얼라이언스도 역시 상대방이 '내가 얻는 것이 있다'고 느끼기 때문에 성립된 것이다. 그 요소는 '이야기를 들어주면 500엔을 받는다'와 같은 단순한 이야기가 아니라 **'이 사람과 만나면 인맥이 넓어진다' '언젠가**

재미있는 일이 생길지도 모른다는 기대감에 가슴이 두근거린다' 등 매우 다양하다. 그리고 이를 위해 필요한 것은 정보 정리나 인맥 만들기와 마찬가지로 '여러분 자신이 무엇을 하고 싶은가'를 알기 쉽게 상대방에게 전달하는 발신력이다. 먼저 '나는 이것을 하고 싶다' 라든가 '저는 이런 사람입니다' 와 같은 내용을 상대방의 기대에 부응하는 형태로 명확히 밝히는 것이다. 이러한 점에서도 옛 상사의 '보고 자료를 다섯 줄로 간결하게 설명하라' 는 요구는 내게 커다란 공부가 되었다.

또 외국에는 이와 비슷한 '엘리베이터 연설(Elevator Pitch)' 이라는 것이 있다. 이것은 벤처 기업의 사장 등이 출자를 원하는 상대가 너무 바빠서 이야기를 들어줄 시간이 없으니 엘리베이터에 함께 타는 짧은 시간 동안 자신과 회사에 대해 간결하게 설명하는 것이다. 여러분의 편이 될 사람은 여러분이 어떤 사람이며 어떤 일을 하려고 하는지에 흥미를 느끼기 때문에 다가오는 것이다. 그러나 많은 사람들은 그런 설명을 지루하게 듣고 싶어 하지 않는다. 그러므로 **여러분이 하고 싶은 일을 단번에 이해시킬 방법을 평소에 궁리해 두도록 하자.**

그러나 '여러분이 어떤 것을 하려고 하는지' 를 전하라는 말은 그저 일방적으로 비전을 말해주라는 의미가 아니다. 가령 여성에게 "머리 모양이 바뀌셨네요"라고 한마디 말해주면 상대방은 여러분에 대해 '평소에 나를 유심히 지켜봐주는 사람'이라는 인상을 받는다. 이는 부하 직원이나 거래처 사람도 마찬가지로, 그 사람이 한 일에 대해 칭찬해주거나 인정해주면 '이 사람은 나를 제대로 평가해주는구나'라고 느낀다. '애정'의 반대말은 '증오'가 아니라 '무시'라고 한다. **먼저 상대방에게 관심을 가지고 그 사실을 알리는 것이 중요하다.**

이는 매슬로(Abraham H. Maslow, 1908~1970)의 '욕구의 5단계설'에서 '애정과 소속의 욕구'에 해당하는데, '자기 존중의 욕구'나 '하고 싶은 일을 할 수 있다'는 '자아실현의 욕구'보다 하층 욕구다. 그보다 아래는 '음식을 먹는다'와 같은 '생리적 욕구'와 '자신을 보호한다'는 '안전에 대한 욕구' 밖에 없다. 이에 비추어보면 '하고 싶은 일을 할 수 있다'라는 여러분 자신의 동기 이상으로 먼저 '상대방에게 이익을 제공하는 것'이 중요함을 이해할 수 있다.

그래서 얼라이언스에는 '상대방에게 이익을 제공하고 그 다음에 비전을 말한다'라는 2가지 축이 항상 중요한 것이다.

비즈니스상의 힘들고 어려운 교섭도, 예를 들어 서로 절충해야 하는 조건이 10개가 있다고 했을 때 그중에서 6개는 상대방의 요구를 들어주고 4개는 이쪽의 요구대로 하는 식으로 하면 원활하게 진행할 수 있다. 상대편이 6이고 이쪽이 4라면 이익에는 그다지 차이가 없지만, 상대방이 '무조건 자기 이익만 챙기는 것이 아니라 내 이익도 생각해주는구나'라고 생각하게 만들어 관계가 더욱 굳건해진다.

불신을 품은 채로 진행되는 프로젝트는 서로를 이해하기 위한 시간과 노력이 필요하다는 측면에서도 양쪽 모두에게 마이너스 결과를 가져올 것이다. 얼라이언스가 성공해 그 프로젝트가 잘 진행되면 서로의 이익은 몇 배로 커질 수도 있다. 그러므로 나는 교섭에 임할 때는 항상 '서로의 장기적인 이익의 최대화'를 우선해 왔다.

다만 교섭이라는 것은 역시 자기 회사의 이익을 생각하면 도저히 양보할 수 없을 때도 있다. 또 영업 등에서도 고객이 도저히 받아들일 수 없는 요구를 할 때가 있을 것이다. 그럴 때를 위해서라도 교섭에 임하기 전에 상대의 요구를 어디까지 받아들여도 괜찮을지에 대해 미리 상충부의 허락을 받는 것이 중요하다. 사전에 양보의 범위를 정하지 않고 교섭을 하면 그 자리에서는 "알겠습니다"라고 대답했지만 결국 승인을 받지 못해 나중에 "역시 저번 건은 힘들겠습니다"라고 말해줄 수밖에 없게 된다. 그러면 상대방은 '이 사람과는 교섭을 해도 의미가 없으니 그 위의 상사와 교섭하자' '다른 회사와 교섭하자'고 생각할 것이다. 이는 역지사지로 생각해보면 이해할 수 있다. 일단 합의를 본 교섭이나 계약을 '철회'하는 것은 여러분 자신은 물론 기업 자체의 신뢰를 떨어트리게 된다. 그러므로 교섭의 성공뿐만 아니라 여러분의 얼라이언스를 위해서도 어디까지 양보할 수 있는지를 사전에 확인해둬야 한다.

또 그밖에 사전에 악역을 정해 놓는 것도 효과적인 교섭을 위한 요령이다. 교섭을 하면서 자신의 회사를 위해 도저히 양보할 수 없는 쟁점이 불거졌을 때는 그 악역을 등장시키는 것이다. 그 악역은 '사람'이어도 좋고 '다른 부서'여도 좋으며 상황에 따라서는 '자기 회사의 사장'이어도 괜찮다. 다만 이때도 나중에 들통이 나지 않도록 가공의 존재가 아닌 실존 인물이나 부서를 악역으로 삼아야 한다. 예를 들면 다음과 같다.

"저희 법무 담당이 좀 고지식합니다. 도무지 어쩔 수가 없네요. 정말 앞뒤로 꽉 막혀가지고, 그건 도저히 받아들일 수 없다고 고집을 부리니…."

이 말이 사실이냐 아니냐는 문제보다 중요한 것은 얼라이언스는 언제나 프로젝트의 성공을 위해 존재한다는 사실이다. 여기에서 핵심은 공통의 **적을 만듦으로써 싸움이나 감정적인 대립을 피하는 것이다.** 물론 교섭을 하는 순간에는 서로 한 발짝도 양보하지 않고 팽팽히 맞선 나머지 책상을 치며 화를 낼 때도 있을지 모른다. 그러나 교섭이라는 전체적인 작업을 통해 여러분은 한시라도 상대의 신뢰를 잃지 말아야 한다. 악역을 배치함으로써 상대방이 '이 사람은 어려운 상황 속에서도 열심히 뛰는구나' 라든가 '적어도 이 사람은 우리를 이해해주는구나' 라고 느끼게 만들 수 있다면 얼라이언스는 성공을 향해 크게 전진하게 된다. 다만 주의해야 할 점은, 단순히 '지금 나도 힘들다' 라는 상황을 알리는 것이 아니라 '상대방의 처지가 되어 생각하고 있다' 는 자세를 알려야 한다는 것이다.

제2장에서 '기브 · 기브 · 기브 앤 테이크' 라는 이야기를 했는데, 이 말은 인맥 만들기에도 통용된다. **내가 받기 전에 '상대방에게 줄 것'을 준비한다.** 상대방에게 줄 것이 꼭 돈만 있는 것은 아니다. 좀 더 단순하게는 '이 사람은 내게 이익을 가져다

준다' '이 일에 진지하게 몰두하고 있다'라는 마음도 있다. 이는 물건을 판 대가로 돈을 받는 것 같은 일반적인 비즈니스 형태와는 조금 다르다. **서로가 힘을 모아 '1+1을 3으로, 혹은 4로, 10으로 만드는 것'이 얼라이언스 인맥술인 것이다.**

'자신이 가진 최고의 것'을 상대방에게 제공한다

'i모드'는 당시의 IT업계에서도 최첨단 분야에 위치했기 때문에 '비즈니스에 도움이 될 정보를 가르쳐 달라'는 사람이 많았다. 실제로 벤처 기업에서 대기업까지 다양한 사람들이 히라노 씨나 내 이야기를 듣고 싶어 했다. 물론 그 배경에는 내가 도코모와 니혼코교 은행이라는 기업에 있어 정보 제공에 유리한 위치라는 점이 작용한 것도 사실이다. 그러나 자신에게는 의외로 잘 보이지 않을지도 모르지만 **사람은 누구나 '상대방에게 도움을 줄 수 있는 정보'를 얼마든지 가지고 있다.**

가령 자동차 업계에서 일하는 사람이라면 자동차에 대해 나보다 많이 알 것이다. 편의점에서 아르바이트를 하는 사람도 '지금 어떤 상품이 인기 있는가?'라는 살아 있는 정보를 당연히 나보다 많이 알고 있을 것이다. 또 학생이라면 '지금 젊은이들의 유행'에 대해 40대 남성인 나보다 확실히 잘 알고 있을 것이다. 누구나 잘 생각해보면 '세일즈 포인트'로 삼을 수 있는 정보를 가지고 있기 마련이다. 그것을 깨닫지 못하는 이유는 평소에 받으려는 생각만 하고 주려는 생각은 진지하게 하지 않기 때문이 아닐까? 자신이 타인에게 말해줄 수 있는 정보가 무엇이 있는지 한번 종이에 적어볼 것을 권한다. 처음부터 갑자기 대단한 것을 생각해내려고 하지 말고 자신의 현 위치, 그리고 지금까지 걸어온 발자취를 솔직하게 더듬어보기 바란다.

같은 일을 오랫동안 하고 있었을 때는 당연하게 생각했던 것이 다른 업계로 옮겨보니 사실은 절대로 알 수 없는 귀중한 정보였을 때가 종종 있다. 오해하는 사람이 있을지도 모르지만, **남들이 하기 싫어하는 일을 하는 사람이야말로 사실은 귀중한 정보나 노하우를 많이 갖고 있다.** 이는 내가 니혼코교 은행 시절에 중국의 불량 채권을 담당하면서 느낀 바다. 하나같이 건설적이지 못하고 어려운 안건들이었기 때문에 너무도 힘들었고 건설적인 영업을 하는 사람들이 부럽게 느껴졌다. 상대인 중국 기업에서 계약 직전에 계약서의 서명 칸을 보더니 "이건 내 전임의 사인이니까 나와는 관계없소"라고 했을 때는 정말 울고 싶은 기분이었다.

그러나 되돌아보면 그때 공부했던 민법과 파산법, 현금 흐름에 관한 지식은 지금도 도움이 되고 있으며 내 강점이 되었다. 무엇보다도 그 경험을 통해 결코 포기하지 않는 강한 의지력도 생겼다. 니혼코교 은행의 동료 중 그 후 외자계 투자 은행이나 펀드에서 활약하고 있는 사람들은 대부분 불량 채권을 처리했던 사람이었다. **남들이 그다지 경험하고 싶어 하지 않는 일을 하면 그 당시는 힘들고 괴롭겠지만 훗날 귀중한 정보와 노하우가 되어 돌아올 것이다.**

눈앞의 이익만을 쫓는다면 얼라이언스는 성립되지 않는다

단순히 '인맥 만들기'만 생각했을 때는, 가령 사회적 지위가 높은 사람의 비위를 열심히 맞추거나 넓은 인맥을 보유한 사람의 눈에 들도록 노력하면 적어도 '나는 거물과 알고 지내는 사이다'라고 자랑할 정도는 될 수 있다. 혹은 많은 사람들이 참석하는 세미나에 가서 열심히 명함을 교환하면 '인맥이 넓다'고 과시할 수 있다. 그러나 얼라이언스에서는 **자신이 '하고 싶은 일'에 얼마나 사람**

들이 참가하며 그 사람들이 어떤 식으로 '내가 하고 싶은 일'을 '우리가 하고 싶은 일'로 바꿔 추진하느냐가 중요하다. 그러므로 끌어들여야 할 대상은 '힘이 있는 사람'도 아니고 '뛰어난 사람'도 아니다. **'의욕이 있는 사람' '같은 생각을 공유할 수 있는 사람'이다.**

'전자지갑 휴대전화'의 경우도 함께 프로젝트를 추진해준 곳은 업계의 넘버원 기업들이 아니라 오히려 2위 이하의 기업들이었다. 신용카드에 관해서는 당시 2위였던 미쓰이스미토모 카드의 협력을 받았다(지금은 업계 1위가 되었으니 더할 나위 없이 기쁠 따름이다). 편의점 업계에서도 위험을 무릅쓰고 가장 의욕을 보이며 도코모와 함께 일한 곳은 업계 1위인 세븐일레븐이 아니라 로손과 am/pm, 패밀리마트였다. 물론 사외뿐만 아니라 도코모의 우수한 사원들과 각 기업의 젊은 사원 등 의욕 넘치는 많은 사람들의 협력이 있었기에 '전자지갑 휴대전화'가 실현될 수 있었다.

아무리 커다란 프로젝트라도 '도전 정신'과 '의욕'이 넘치는 사람들이 모여서 커다란 집합체를 만들면 반드시 성과를 올릴 수 있다. 그런 의미에서도 **눈앞의 이익보다 먼저 자신이 제안을 했을 때 그 제안에 응해주는 사람이 프로젝트를 성장시켜준다. 지금 자신의 눈앞에 있는 사람들을 소중히 여기는**

것이야말로 미래의 '얼라이언스'를 만드는 길인 것이다.

**'시간'을 줄 수 있는 사람이
얼라이언스와 비즈니스의 승리자가 된다**

'준다'는 행위에 관해 말하자면, 자신이 놓인 처지나 환경 등에 따라 줄 수 있는 것에도 제한이 있는 것이 사실이다. 가령 상대방에게 유익한 정보를 주고 싶어도 도움이 될 만한 정보를 손에 넣을 수 있느냐는 그 사람의 위치와 주위 사람들, 타이밍에 따라 달라진다.

그러나 **누구에게나 평등하게 있으면서도 사용하기에 따라 상대방에게 주는 인상이 완전히 달라지는 것이 있다.** 바로 '시간'이다. 많은 사람들이 매일 "바쁘다"는 말을 입에 달고 사는 오늘날의 비즈니스 현장에서는 시간을 제공하는 것이 돈이나 정보 이상의 가치를 지닐 때가 많아졌다. 예를 들어 영업에서는 전화나 이메일을 몇 통씩 보내기보다 직접 만나서 열심히 말로 설명하는 쪽이 더 위력이 있다. 상대방에게 자신의 시간을 사용한다는 말은 상대방의 시간을 절약하고 늘려주는 것과 같은 의미다. 그리고 그것은 조금만 배려하면 얼마든지 가능하다. 나도 음료 업체와 얼라이언스를 맺을 때 자동판매기 설치 장소를 찾거나 편의점의 신규 출점 장소를 찾아보는 등 상대방의 시간을 늘려주기 위해 다방면으로 노력했다. 그 결과 오히려 상대방이 진전을 보이지 않던 안건을 먼저 진행해내 시간을 늘려준 적도 있었다. 그밖에도 앞장에서 말했듯이 휴대전화 등을 이용해 빠르게 답장을 하면 상대방이 기다리는 시간을 줄일 수 있다.

또 나는 '다음 주 중에 이메일을 보낸다'는 일정이 잡혀 있으면 반드시 그 주 금요일에 메일을 보내도록 한다. 그러면 상대방은 다음 주 언제쯤 이메일이 올지 몰라 안절부절 기다릴 필요 없이 내가 보낸 이메일을 월요일 아침 일찍 확인할 수 있기 때문이다. 이는 결국 상대방의 불안감과 시간 낭비를 없애준다. 그리고 다음 주에 보낼 예정인 이메일을 금요일로 앞당기는 것이 습관화되자 또 다른 이점도 생겼다. 예전에는 이메일을 보내느라 허둥대며 우울하게 보냈던 월요일 아침이 상대방에게 올 이메일을 기다리는 처지가 되자 오히려 즐거워진 것이다.

여러분에게 시간이 귀중하듯이 상대방에게도 시간은 귀중하다. 바빠질수록 사람은 다른 사람을 위해 시간을 사용하는 데 주저하게 되는데, 그럼에도 남을 위해 기분 좋게 시간을 쓸 수 있는 사람이 타인의 신뢰를 얻게 되는 것이다.

**업무를 할 때도
자신의 호불호를 중시할 것**

시간은 누구에게나 평등하게 주어지는데, 그 양은 하루 24시간으로 제한되어 있다. 따라서 만나고 싶은 사람을 모두 만나기는 당연히 불가능하므로 역시 누구에게 어느 정도의 시간을 사용해야 할지를 상대에 따라 생각해야 한다.

이때 나는 사업상의 이익뿐만 아니라 '호흡'을 중시했다. 말하자면 내 개인적인 호불호다. 실제로 나는 설령 업무상의 이익이 크더라도 '호흡이 맞지 않는다'고 생각되어 깨끗하게 손을 뗀 적이 여러 번 있었다. '얼라이언스'는 비유하자면 모두가 같은 버스를 탄 것이다. 기본적으로 그 버스에는 '함께 일하고 싶다'고 생각하는 사람을 태운다. 이때 버스의 운전수는 물론 얼라이언스의 리더인 여러분이다.

버스를 앞으로 전진시키는 엔진에는 '새로운 것을 시도하자'거나 '우리의 목적을 추진하자'라는 신뢰 관계와 공통의 약속, 마음이라는 연료가 필요하다. 이러한 것들은 말로 확인하기보다 직감으로 느낄 때도 있다. 영감靈感은 경험의 집약체라는 말처럼 말이다. '얼라이언스'라는 버스를 운전할수록 자신의 버스에 탄 승객들이 같은 방향을 향해 나아가고 있는지 알 수 있게 된다.

'겸허함'과 '감사의 마음'으로 사람을 상대하자

얼라이언스를 통해 인맥을 만들 때의 최종적인 열쇠는 사실 단순하다. **'겸허함'과 '솔직함', 그리고 '상대방에게 감사하는 마음'이다.**

얼라이언스는 주위 사람들에게 자신의 의견을 억지로 강요하는 것과는 다르다. **겸허하게 다른 의견에도 귀를 기울여 아이디어와 생각을 점점 진화시킴으로써 확대해 나가는 것이다.** 그러나 머리로는 그래야 한다는 것을 알면서도 실천하기는 의외로 어렵다. 가령 귀중한 의견을 말해준 사람이 자신의 후배거나 라이벌이라면 대부분의 사람들은 '건방지다'든가 '저 녀석의 말을 들을 것 같아?'라고 생각해버린다. 그런 질투심과 비뚤어진 마음, 오기가 얼라이언스의 진화를 방해할 때가 적지 않다.

'겸허함'에 관해 말하자면 '내가 기대하는 사람이 내 생각대로 움직여주지 않는' 경우가 있다. 예를 들어 여러분이 '하고 싶은 일'과 관련해 평소에 사이도 좋고 그 분야에 정통한 사람을 얼라이언스에 끌어들였다. 그런데 여러분은 그 사람이 좀 더 이 일에 열중해줬으면 좋겠는데, 상대방은 다른 일에 관심이 있는지 좀처럼 이쪽에 시간을 내주지 않는다. 그럴 때는 불평을 하거나 화를 내고 싶어질 것이다. 그러나 얼라이언스는 강제적으로 만들어진 조직이 아니라 여러분이 발신한 정보에 반응해 각자 자신의 의지로 모인 집단이다. 따라서 강요나 명령, 감시를 할수록 얼라이언스는 결속력이 약해지고 결국 와해될 것이다. 그러므로 **얼라이언스 속에서 일어나는 일은 모두 '그 사람 자신에게 맡긴다'는 자세가 필요하다.** 얼라이언스의 발전 방식이나 얼라이언스에 대한 각 구성원의 관여 방식은 본인들의 선택에 맡기고 여러분은 그 속에서 자유롭게 결단을 내리는 것이다.

이를 위해서도 **먼저 여러분은 '얼라이언스에 가담해준 모든 사람'에게 감사해야 한다.** 상대방이 어떤 생각으로 참여했든, 여러분을 어떻게 생각하든 그런 것은 상관없는 일이다. 그저 여러분의 '얼라이언스'에 상대가 참여했다는 사실 자체에 대해 항상 감사의 마음을 잊지 않으면 된다.

감사의 마음은 그럴 생각만 있으면 어떤 형태로든 전할 수 있다. 여러분이 어떤 이벤트를 열 때 그 사람을 초대해도 좋다. '이 정보는 그 사람에게 도움이 되겠군'이나 '이 사람을 그 사람한테 소개시켜주면 좋을지도 모르겠어'라고 느낀다면 곧바로 가르쳐줘도 좋다. 혹은 어떤 물건이나 정보를 통하지 않고 전화를 걸거나 이메일 혹은 편지를 쓰거나 직접 만나는 등 여러분에게 가능한 형식으로 감사의 마음을 전해도 좋을 것이다. **중요한**

점은 '상대방에게 감사하고 있다'는 마음을 여러분의 마음 속에 항상 간직하는 것이다.

상대방에게 감사하는 마음을 품고 있으면 만났을 때 진심에서 우러나오는 환한 웃음과 함께 "고맙습니다"라는 말이 자연스럽게 나오게 될 것이다. 상대방에게 도움이 되는 행동이 자연스럽게 떠오르며 '이 생각은 그 사람한테 도움이 되겠군'이라는 발상도 가능해진다. **'자기중심'이 아닌 상대방의 편에 선 시점이야말로 '자신을 중심으로 한 얼라이언스'를 확대하는 힘이 되는 것이다.**

이를 위해서도 평소에 '부정적인 표현'을 쓰지 말고 반드시 '긍정적인 표현'을 사용하자. 그러면 여러분은 어느새인가 다른 사람들의 도움을 받으며 기회의 여신이 미소를 보내는 사람으로 탈바꿈할 것이다.

Chapter 5

얼라이언스 공부법

즐거우면서도 효과가 10배는 높아지는 공부법

**'자신의 가치'를 산출해보면
무엇을 공부해야 할지 알 수 있다**

얼라이언스라는 시점에서
생각할 때 공부의 목적은
언제나 '자신의 현재 가치
를 높이는 것'이다. 그렇다면 당연히 자신의 현재 가치를 측정
하기 위한 지표가 필요하다.

내가 생각하기에 '자신의 가치를 재는 지표'로는 2가지
가 있다. '정성적定性的인 지표'와 '정량적定量的인 지표'다.
그중 '정성적인 지표'는 실적으로 검증하는 수밖에 없다. 이를
위해서는 아무리 작은 것이라도 '자신이 올린 실적'을 모조리
찾아내야 한다. 가령 나는 '프로젝트 파이낸스Project Finance

와 관련해 영어 계약서를 작성하기 위해 영어 사전 10권 정도 두께의 영문 계약서를 읽었다'는 실적이 있다. 그밖에 '블로그를 100일간 계속했다'든가 '청소를 깨끗하게 한다고 칭찬을 받았다'와 같은 것도 있을 수 있는데, 여기에서는 아무리 사소한 일이라도 상관하지 않고 다 찾아낸다.

문제는 '자신이 무엇을 할 수 있는가?' '무엇을 하고 싶은가?' '어떤 점이 부족한가?' '부족한 점을 메우기 위해 어떤 공부를 해야 하는가?'라는 자기 평가를 확실히 할 수 있느냐다.

■ 영어 계약서를 작성하기 위해 영어 사전 10권 분량의 영문 계약서를 읽었다

　…+영어 실력은 있다

　…-계약 교섭도 할 수 있을 만한 실력이 될 수 있는가?

■ 블로그를 100일 동안 계속했다

　…+최소한의 지속력은 있다

　…-자신의 생각을 책으로 정리할 수 있는가?

■ 청소를 깨끗하게 한다고 칭찬을 받았다

　…+기본적인 일에도 철저하게 힘을 쏟는다

　…-더 깨끗하게, 그리고 더 빠르게 끝내려면 어떻게 해야 할까?

적어도 이것으로 자신의 방향성 중 몇 가지는 정해진다. 그리고 이와 동시에 '앞으로 어떤 얼라이언스를 만들어야 하는가'도 보이게 될 것이다.

다음으로 '정량적인 평가'인데, 이를 위해서는 자신의 'P/L(손익계산서)'을 만들어볼 것을 추천한다. 'P/L(손익계산서)'이라고 하면 언뜻 결산서같이 난해한 숫자의 배열이 연상되어 다가가기 힘들지도 모른다. 그러나 핵심은 '내가 현재의 회사에 얼마나 돈을 벌어주고 있는가?'와 '그에 대해 회사는 내게 얼마나 돈을 주고 있는가?'를 간단하게라도 좋으니 수치화해보는 것이다. 그밖에 자신의 회사에서 여러분이 점유하고 있는 면적의 임대료가 얼마인지 알기만 해도 일에 대한 의식이 달라질 것이다. 여러분은 지금 자신이 차지하고 있는 공간에 걸맞은 이익을 회사에 올려주고 있는가? 이는 작물의 수확량을 면적으로 계산하는 것과 마찬가지의 개념이다.

그러나 혼자서 영업을 다니며 실적을 올리는 사람이면 몰라도 프로젝트에 관여하고 있거나 경리부 또는 총무부에 있는 사람은 자신이 회사에 공헌하고 있는 액수를 정확히는 알 수 없을지 모른다. 그럴 때는 이직할 생각이 있든 없든 자신의 '지금까지의 이력서'와 '앞으로의 이력서'를 써볼 것을 권한다. 자신의 과거를 되돌아보면 특히 오늘날처럼 필사적이 되어 눈앞의 일밖에 보이지 않는 시기에 의외로 여러 가지 일을 해왔음을 깨닫게 된다. 또 최근에는 경력 상담 사이트 등에서 자신의 시장 가치를 산출하는 서비스를 무료로 해주기도 한다. 혹시 흥미가 있다면 그런 곳을 들어가 보는 것도 이력서를 쓰는 데 참고가 될지 모른다.

그곳에 어떤 것을 쓸 수 있는가? 혹은 어떤 것을 쓰고 싶지만 쓸 수가 없는가? **자신에게 있는 것, 없는 것을 알게 되면 '자신이 공부해야 할 것'이 무엇인지 발견할 수 있을 것이다.**

배우는 대상의 틀을 허물면 두뇌 용량이 몇 곱절로 확대된다

나는 상사에게도 많은 것을 배웠다. 상사에게 배우는 것은 회사에 다닌다면 지극히 평범한 일일지도 모른다. 그러나 많은 사람들은 "제게는 그런 훌륭한 상사가 없습니다"라고 말한다. 그런데 이는 주위 사람들을 '관리직'이나 '동료', 즉 '회사 사람'이라고 멋대로 선을 그어버리기 때문은 아닐까? '이 사람은 나한테 짜증나는 명령만 내린다'라는 고정관념에서 빠져나오지 못해 자신의 업무에 활용할 수 있는 모범이 있는데도 아무것도 활용하지 못하는 경우도 있을 것이다.

'얼라이언스'라는 것은 그런 틀을 허물고 객관적인 시각에서 그 사람을 바라본다는 발상이다. 이런 시각으로 바라보면 가령 회사에서 아르바이트를 하는 사람에게도 빠르고 깔끔하게 복사하는 방법을 배울 수 있으며, 상대하기 싫은 타 부서의 상사에게도 배울 점이 얼마든지 있을 것이다.

여러분이 '저 사람과는 상대하기 싫어'라고 생각하면 상대방도 '저 사람은 나를 싫어하는군'이라고 '감성'을 통해 알 수 있다. '여러분의 상사'가 된 것도 따지고 보면 하나의 '인연'이다. 여러분이 지금 하고 있는 일에 대해 경험과 지식 모두 풍부하게 쌓아 온 사람이다. 그런 사람에게는 아무것도 배우지 않으면서 속칭 '성공자'라고 부르는 생면부지의 사람의 이야기에서 과연 얼마나 많은 것을 배울 수 있을지 의심스럽다.

그 상사와 친해지라는 말은 아니다. '상사와 부하'라는 틀에서 벗어나 '노하우를 지닌 사람과 노하우를 배우고자 하는 사람'이라는 얼라이언스의 관계로 그 사람을 바라보면 그다지 상대와 친밀해지지 않아도 얼마든지 배울 점이 있다. **배울 점이 하나도 없는 사람은 거의 없다. 마음에 들지 않는 점만 찾**

지 말고 그 사람의 뛰어난 점을 발견해 배우도록 하자.

　주변 사람에게 배우기 위한 노하우로 가장 효과적인 방법은 '상담을 하는 것'이다. 일반적으로 상담을 받으면 상사는 기뻐한다. 좋은 일도 물론 상담을 해야겠지만 나쁜 일일수록 빨리 상담을 해야 한다. 직속 상사가 아니라 다른 부서의 상사라도 좋으며 사장이어도 상관없다. 후배나 아르바이트를 하는 사람, 고객, 거래처, 세미나에서 만난 사람이라도 좋다. 상담을 요청하면 상대방은 자신의 의견을 들려줄 것이다. 여러분이 원하는 의견이 나오느냐 나오지 않느냐는 문제가 아니다. 상담을 한 사람의 수만큼 여러분은 '다른 의견'을 듣게 된다. 그것이야말로 '공부'인 것이다.

　내게도 '상담'은 공부의 기본이며 그것이 내 '얼라이언스' 만들기의 출발점이 되었다. 이미 말했듯이 "이런 것을 생각하고 있는데, 어떻겠습니까?"라고 물어보는 방법으로 얼라이언스를 확대한 것이다. '저 사람한테는 물어봐도 소용없어'라고 생각하거나 상대방의 대답을 일단 자신의 머릿속에서 음미해보지도 않고 그 자리에서 부정한다면 여러분의 사고는 그 이상 진화하지 못한다. '일단은 타인의 생각을 받아들여 이해해본다. 그런 다음 자신의 생각을 만들어 실행한다'는 사고방식이 두뇌 용량을 몇 곱절로 확대시키고 여러분을 높이 도약시키는 계기가 되는 것이다.

자신의 브랜드 가치를 높이고 싶다면
'당연한 일'을 할 수 있는 사람이 되자

앞에서도 말했듯이 '상담'은 효과적인 공부법 중 하나지만, 여러분이 '상담을 받는 사람'이 되어야 한다는 전제가 붙는다. 상담을 들어주는 것은 누구나 할 수 있지 않느냐고 생각할 수도 있다. 그러나 다시 생각해보자. 주어진 일을 기한 내에 하지 않고 회사에는 언제나 지각하며 실패는 타인의 탓으로 돌리는 사람에게 "성공하려면 어떻게 해야 할까요?"라고 진지하게 상담을 부탁할 사람이 있을까?

얼라이언스라는 관계의 밑바탕에는 '신뢰'가 있다. 같은 말을 들어도 'A가 말했으니 사실이겠지'라든가 반대로 'B가 준 정보라면 한 번 더 확인해보는 편이 좋아'라고 생각한 적은 없는가? 아무리 여러분이 재미있는 아이디어를 말해줘도 상대방이 '이 사람이 실행하기는 무리지'라고 생각한다면 아무도 여러분에게 협력하려 하지 않을 것이다. **신뢰를 얻으려면 자신이 '신뢰받**

는 사람'임을 일상 속에서 태도로 보여주는 수밖에 없다.

회사라는 기준에서 생각했을 때 여러분의 신뢰는 역시 평소의 업무를 통해 평가될 것이다. 그렇다고 엄청난 실적을 올리라는 말은 아니다. 경력이 부족한 사람은 예를 들어 씩씩하게 인사하는 것만으로도 좋다. '그깟 인사로…'라고 생각할지도 모르지만, 아무리 고난이도의 교섭 노하우를 익힌들 "고맙습니다" "네" "안녕하세요" 같은 인사도 제대로 못하는 사람이 제대로 교섭을 할 리가 없다.

또 회사에 따라서는 '신인이 청소를 해야 한다'와 같은 업무와 관계없는 요구를 하는 곳도 있을지 모른다. 그러나 어떻게 해야 효율적으로 깨끗하게 청소할 수 있을지 궁리하면 자신의 노하우도 되며 무엇보다도 '이 사람은 열심히 청소를 하는군. 다른 일도 분명히 잘할 거야'라는 인상을 줘서 신뢰도 향상으로 이어진다.

상사를 비롯해 주위 사람들은 의외로 여러분을 유심히 바라보고 있다. 그런 의미에서도 세상에 쓸데없는 업무는 하나도 없다고 나는 생각한다.

그런 일상의 기본적인 행동 하나하나가 여러분이라는 사람에 대한 평가를 쌓아 올린다. 그리고 축적된 평가를 통해 여러분이

'함께 일하고 싶다' 고 생각하는 사람들 사이에도 자연스럽게 들어갈 수 있게 된다. 점점 여러분이 하고 싶은 일이나 부서에 가까이 접근할 수 있게 되는 것이다.

얼라이언스는 여러분 혼자의 힘으로는 손에 닿지 않는 꿈을 실현시켜줄 수도 있다. 그러나 그런 기회가 어느 날 갑자기 찾아오지는 않는다. 평소의 태도와 노력이 기회를 여러분 곁으로 끌어당기는 것이다.

'자신감'은
공부의 효과를 몇 배로 높이며
사람을 크게 성장시킨다

자신의 가치를 높이는 최고의 지름길은, 한 가지라도 좋으니 절대로 누구에게도 지지 않는 특기 분야를 만드는 것이다.

나는 도코모에서 일할 때 부하 직원들에게 이 '절대로 누구에게도 지지 않는 특기 분야' 를 만들도록 공부를 시켰다. "자네는 기술 분야가 특기니까 FeliCa라는 비접촉 IC카드 기술에 대해 공부해보게" "자네는 경제학부 출신이니까 전자 상거래에 대해 공부해보게"와 같이 본인의 의견을 확인한 다음 분야를 배정하고 공부하도록 시킨 것이다. 이때 나는 부하 직원에게 **결코 "열**

심히 하게!"가 아니라 "우리 같이 열심히 해보세!"라는 표현을 사용하려고 노력했다. 얼라이언스 공부술은 모두가 함께 공부하기 때문에 위력을 발휘하는 것이다.

그러자 가령 'FeliCa'에 대해 알고 싶은 사람이 있으면 공부를 한 직원에게 "그러면 ○○씨 부탁하네"라며 설명을 부탁하게 되었다. 때로는 입사한 지 얼마 안 되는 부하 직원도 거래처의 임원을 앞에 두고 '음, 음, 그렇군'이라는 표정을 지으며 공부의 성과를 과시했다. 이는 본인에게 엄청난 자신감을 심어준다. 그리고 남을 가르치면 사실 본인이 가장 많은 공부를 하게 된다. 여기에 그 성과를 도약대로 삼아 '이번에는 이것에 대해서도 공부해보자'라고 자발적으로 다음 단계로 나아가게 된다.

'자신감'에 대한 이야기를 하나 더 할까 한다. 나는 니혼코교 은행에서 영어를 사용하는 업무를 원했지만 처음 들어갔을 때는 원하는 부서에 가지 못했다. 그러나 인사과에는 매일 같이 "저는 영어를 잘합니다!"라고 어필하면서 주어진 업무를 열심히 처리한 결과 3년째에 드디어 소원을 이룰 수 있었다. 이렇게 해서 현재 영어는 내 무기 중 하나가 되었는데, 솔직히 말하면 그 영어 때문에 상당히 고생한 적도 있었다. '칼'이라는 이름에서 알 수 있듯이 나는 원래 미국 출생이다. 그런데 미국과 일본을 오가던 유년 시절에는 영어도 일본어도 만족스럽게 하지 못했다. 당시는 일본인 학교도 없었고 주위에 일본인도 거의 없었기 때문에 현지의 공립학교에 다녔다. 그곳에서는 일본인에 대한 편견도 뒤섞여 '이름은 미국식인 주제에 영어도 제대로 못한다' 는 이유로 괴롭힘도 당했다. 비록 어린 나이였지만 나는 일본어도 영어도 어중간한 수준이라는 사실에 크게 고민했다.

그런 나를 구원해준 것이 바로 피아노였다. 누나가 배우던 피아노를 함께 배우다가 콩쿠르에 나갔는데, 운 좋게 준우승을 한 것이다. 이 일은 내게 '나도 열심히 하면 언어의 장벽을 뛰어넘을 수 있어' 라는 자신감을 주는 계기가 되었다. 또 주위의 친구들도 어느덧 나를 인정하게 되었다. 그 뒤 나는 매일 아침 6시에 일어나 영어와 일본어를 열심히 공부하기 시작했다.

학교 공부도 국어나 체육, 공작 등 무엇이든 한 과목을 잘하게 되면 다른 과목도 잘할 수 있게 된다고 한다. 이는 비즈니스도 마찬가지로, 아주 작은 일이라도 한 가지를 훌륭히 완수하게 되면 본인에게 자신감이 생기며 주위의 시선도 확 달라진다.

먼저 자신이 좋아하는 것이나 잘하는 것을 강화할 대상으로 정하고 집중적으로 공부하자. 만약 그런 것을 찾지

못하겠다면 먼저 '눈앞의 업무를 열심히 처리하는 것'이 중요하다.

**공부가 몇 배는 즐거워지는
'이념과 시간과 장소의 법칙'**

나는 일단 '공부하자'고 마음먹으면 한없이 몰두하는 경향이 있다. 니혼코교 은행 시절, 업무에 필요하기도 해서 불량 채권에 대해 공부하려고 한 적이 있었다. 불량 채권에 대해 공부하려면 법률 지식도 필요한데, 통신 교육을 받아도 법률의 본질을 제대로 이해하지 못했기 때문에 오히려 더 알쏭달쏭해지고 말았다. 통째로 외우는 방법도 있지만 금방 잊어버리기도 하고 무엇보다도 재미가 없어서 졸음이 쏟아졌다.

결국 우여곡절 끝에 법률에 대해 처음부터 공부해보기로 마음먹고 재도전을 시작했다. 다행히 매형이 변호사여서 조언을 받을 수 있었고, 마침 유명한 사법시험 강사인 이토 마코토 씨의 강의 카세트가 발매되어 보너스를 몽땅 털어 구입했다. 사법시험 공부는 민법과 형법, 헌법, 그리고 소송법으로 범위가 넓다. 아마도 업무의 필요성을 따지면 헌법 등은 필요가 없겠지만, 법률이라는 것의 근본 법칙을 공부하고 법률의 입법 취지, 즉 무엇을 위해 그 조문이 있느냐는 배경에 자리한 기본적인 이념을 공부하자 법률이 너무나 재미있었다. 다양한 사안이 등장하더라도 그 법률이 존재하는 취지와 배경, 근본 법칙을 이해하면 자잘한 조문은 외우지 않아도 훨씬 효과적으로 해결할 수 있다. 이는 회사 경영도 이념이라는 축이 확고하면 수많은 문제를 순식간에 판단할 수 있는 것과 같은 이치라고 생각한다. **이념이라는 입구와 전체의 모습이 보이자 알쏭달쏭하기만 하던 공부가 '재미있고 즐거운' 존재가 된 것이다.**

또 바쁜 일상 속에서도 자신이 공부하기 쉽고 집중하기 쉬운 장소를 찾아내면 공부의 효율이 높아지고 또 공부 시간을 마련할 수 있게 된다. 예를 들면 출퇴근 시간이다. '일생에서 약 5년 정도는 전철을 타거나 기다리는 시간'이라는 설이 있다. **출퇴근 시간, 줄 서서 기다리는 시간은 줄일 수가 없다. 그러나 궁리하기에 따라서는 그 시간을 의미 없이 보낼 수도 있고 효과적으로 활용할 수도 있다.** 앞에서 잠깐 소개한 내 매형은 역전의 발상으로 '출퇴근 시간'을 이용했다. 변호사가 되기 전에는 은행원이었는데, 직장에 다니면서 아침 일찍 전철을 타고 전철 안에서 사법시험 공부를 했다고 한다. 은행 업무는 아침 일찍부터 밤늦게까지 근무 시간이 매우 긴데, 전보다 일찍 일어나 텅텅 빈 순환선 전철을 타고 두 바퀴를 돌며 약 2시간 동안 공부한 다음 출근했다는 것이다.

나는 눈코 뜰 새 없이 바쁜 은행원 시절에는 출퇴근 시간뿐만 아니라 잠자는 시간에도 공부를 했다. 이른바 수면 학습인데, 그렇다고 해서 어려운 방법은 아니다. 법률 강의 카세트를 들으면서 잘 뿐이다. 과학적인 근거가 있는지는 잘 모르겠지만, 결과적으로 나는 짧은 수면 시간을 이용해 대학 법학부에서 공부하는 것과 동등한 법률 내용을 이해하고 변호사와 대등하게 대화를 나눌 수 있을 정도가 되었다. 그 후 이 경험이 긴박한 비즈니스 교섭을 비롯해 얼마나 큰 도움이 되었는지는 이루 다 헤아릴 수가 없다.

**영어 공부법의 열쇠는
귀로 듣고 입으로 말하는 것**

수면 학습 이야기가 나온 김에 내가 영어를 공부했을 때의 공부법도 소개하도록 하겠다. 영어 공부 역시 기본은 '테이프를 들으면서 자는 것'이었다. 대학 입시(일본) 때 실제로 사용한 방법이다. 이미 말했듯이 '칼'이라는 영어 이름이 있으면서 영어를 못해서는 안 된다는 압박감 때문에 나는 남들 이상으로 영어를 공부했다. 그러나 이른바 수험용 영어 단어나 영작문은 도무지 자신이 없었다. 회화는 문제가 없었지만 시험에 나오는 숙어나 단어 중에는 일상생활에서 그다지 쓰지 않는 것도 많았기 때문이다. 그래서 나는 입시용 단어집과 영문집을 사서 직접 읽어 테이프에 녹음한 다음 등하교 때와 잘 때 반드시 귀에 꽂고 들었다. 자는 시간에 테이프를 듣는 것이 정확히 효과가 있는지는 잘 모르겠지만, **어쨌든 같은 테이프를 열 번 백 번 들으면 자연스럽게 암기가 된다.** 그래서 매일 1시간씩(5분 만에 잠이 든 적도 있었지만) 계속해서 자기 전에 테이프를 들으니 한 달 뒤에는 예문을 거의 외워버렸다. **물론 외운 내용은 조금씩 잊어버리게 되지만, 잊어버리는 분량 이상으로 많이 외우면 된다는 '느긋한' 생각으로 공부를 계속했다.**

귀로 공부하는 방법은 미군 방송을 듣거나 영화 DVD를 보는 등 여러 가지가 있다. 지금은 그런 음성 교재가 시중에 얼마든지 있으니 꼭 한번 시도해보기 바란다. 단, 되도록 자신의 입으로 말하는 작업을 거치면 효과가 훨씬 높아질 것이다. 소리 내서 읽을 때도 암기가 되며, 시판된 음성 교재와는 달리 자신의 목소리는 싫어도 기억에 남는다. 벌써 25년도 넘게 지났지만 'How long does it take from hire to the station?(여기에서 역까지 얼마나 걸립니까?)'을 비롯해 당시 내 목소리로 녹음했던 문장은 지금도 내 머릿속에 남아 있다. 덕분에 당시 학원의 모의시험에서도 영어만큼은 1등을 했다. 생각해보면 아기들은 따로 공부할 필요 없이 듣기만 해도 말을 익힌다. **그 점을 생각하면 어학 공부는 무엇보다도 귀로 공부하는 것이 가장 좋지 않을까?**

또 나는 무엇인가를 공부할 때면 억지로라도 좋으니 가까운 목표나 시기를 정했다. 영어라면 '다음 TOEFL에서 몇 점을 받는다' '이번에 해외여행을 가니 그때까지 이만큼 공부하자' 와 같은 식으로 되도록이면 6개월 이내에 달성할 수 있는 구체적인 목표나 진행 상황을 확인할 기회가 있는 편이 좋을 것이다. '언젠가 외국인 친구가 생기면 좋겠다' 든가 시간을 정하지 않은 막연한 목표는 아무래도 흐지부지되기 쉽다.

또 '이번에는 그다지 공부를 많이 못 했으니 좀 더 공부하고 나서…' 라는 이유로 시험을 회피하는 사람이 있는데, 그런 식으로 뒤로 미루면 평생이 가도 목표를 달성하지 못한다. **시험이나 해외여행같이 구체적으로 실력 발휘할 수 있는 장소에서 배운 내용을 실천하면 무엇을 더 익혀야 할지 명확해지며,**

정기적으로 확인하면 진척 상황을 인식할 수 있게 된다. 또
이에 따라 다음 목표로 넘어가기 위한 의욕도 상승한다. 이는 장
기적으로 공부를 지속해 나가는 비결이기도 하다.

**얼라이언스는
공부할 기회를 늘려준다**

'공부'라고 하면 많은 사
람들은 학교에 가거나 책
을 읽는 등 머리에 지식을
담는 행위를 연상할 것이다. 나 역시 학교나 책을 통한 공부법도
일정 효과는 있다고 생각하지만, 업무에 관한 공부는 역시 실체
험을 통해 배우는 것이 가장 효과적이며 효율적임을 실감했다.

어떤 구체적인 목표를 세우고 그 목표를 실현하기 위해 노력하
며, 같은 목표를 지닌 동료와 절차탁마를 위해 학교에 가는 것 자
체는 의미 있는 일이다. 그러나 흔히 빠지기 쉬운 함정인 공부를
위한 공부라면 직장에서는 의미가 없다. 물론 비즈니스 서적에도
참고가 될 만한 내용이 쓰여 있으며, 읽으면 의욕이 향상될 때도
많다. 그러나 **역시 '그것을 읽은 뒤 자기 나름대로 어떻게 실
천하는가'가 가장 중요하다. 지식을 그저 머리에 담으면 그
것으로 끝이 아니다. 자기 나름대로 소화를 시켜 실전에 활**

용할 수 있어야 비로소 자신의 것이 된다. 그러므로 가장 효과적이고 효율적인 공부 방법은 다름 아닌 사람들을 만나 '실체험을 통해 배울 기회'를 늘리는 것이다. 이런 의미에서도 '얼라이언스'는 사람들과 접촉할 기회를 증가시켜 실체험을 통해 공부할 기회를 늘려준다.

나는 만남을 일종의 '인연'이라고 생각한다. 그러나 그 '인연'의 기회를 누군가가 알아서 마련해주지는 않는다. **여러분 자신이 '안테나'를 세우고 정보와 의견을 발신해야 그런 '인연'을 붙잡을 수 있다.** 가령 같은 풍경을 봐도 지붕이 빨간색인 집은 몇 채인지 생각하면서 볼 때와, 아무런 생각 없이 멍하니 바라보는데 빨간색 지붕이 눈에 들어올 때를 상상해보자. 양쪽 모두 시각적으로는 빨간색 지붕을 보고 있지만, 자신이 어떤 의식을 품고 있느냐에 따라 보이는 것이 완전히 달라진다. 전자는 빨간색 지붕뿐만 아니라 파란색 지붕과 노란색 지붕도 발견할 수 있을지 모른다. 그러나 후자는 휴식을 취하고 있을 때라면 상관없지만 무엇인가를 얻으려 했다면 빨간색 지붕조차 기억에 남을지 어떨지 장담할 수 없다. 그와 마찬가지로 여러분이 아무리 사람들을 많이 만나도 '안테나'를 세우지 않는다면 소중한 얼라이언스 기회를 깨닫지 못한 채 지나쳐버릴 것이다.

현재 내가 경영하는 컨설팅 회사를 공동 창업한 하버드 비즈니스 스쿨의 안드레이 학주 박사와 만난 것도 일종의 '인연'이었다. 학주 박사는 전자지갑 휴대전화에 대해 하버드 비즈니스 스쿨에서 사용할 교재를 만들기 위해 일본을 찾아와 인터뷰를 했다. 나도 인터뷰 대상 중 한 명으로서 의뢰를 받았는데, 당시 나는 회의나 면담이 거의 매일 10건 이상 잡혀 있는 바쁜 시기였기 때문에 간신히 오후에 30분을 확보해 그와 만나기로 했다. 그런데 20분을 기다려도 그는 나타나지 않았다. 결국 조금 더 기다리니 오기는 했지만, 솔직히 나는 '바쁜 일정 속에서도 시간을 마련해줬는데 도대체 이게 무슨 실례란 말인가?'라는 생각에 속이 부글부글 끓었다. 그러나 어차피 화를 내봤자 내 기분만 나빠진다는 사실은 이미 잘 알고 있었다. 때문에 '어차피 저쪽에서 늦게 왔으니 나도 내가 묻고 싶은 걸 전부 물어보자'라고 생각했다.

그리고 막상 학주 박사와 면담을 하니 모든 것이 새로운 발견이었다. 약관 26세에 하버드 대학의 최연소 부교수가 된 그는 전자지갑 휴대전화에 대해 그 아이디어가 얼마나 세계적으로 대단한 것인지 눈을 반짝거리며 내게 열심히 설명해줬다. 그의 날카로운 질문에 나는 내가 하고 있는 일에 대해 객관적으로 되돌아볼 기회를 얻었다. 그리고 니혼코교 은행 시절의 나카무라 하지메 상무가 내게 해준 "나무를 보지 말고 숲을 보게"라는 말의 의미를 그때서야 이해할 수 있었다. '이것을 꼭 하버드의 케이스 스터디에서 소개하고 싶다'는 그의 열의에 나는 두 손을 들었다. 그리고 일단 그날은 시간이 없었기 때문에 헤어지고 그 후 메일 등으로 함께 사례를 만들어 나갔다.

생각해보면 이 일은 우연의 산물이었지만, 만약 내가 여기저기에서 '전자지갑 휴대전화'에 대해 강연을 하지 않았다면 인터뷰를 받을 일도 없었을지 모른다. 또 만약 내가 구글 등 인터넷 비즈니스의 이론적인 시스템에 흥미가 없었다면 학주 박사와의 인터뷰도 '안 그래도 바쁜데 지각을 해서 시간을 빼앗은 사람과의 평범한 면담'이 되었을지도 모른다. 그리고 만약 그가 제시간에 왔다면 통상적인 인터뷰로 끝났을지도 모른다. 무엇보다도 그로부터 수년 뒤 그가 내 파트너로서 공동으로 회사를 설립하는 일은 결코 일어나지 않았을 것이다.

내가 의식적으로 정보와 의견을 계속 발신했기 때문에 그와 같은 '인연'을 만날 수 있었던 것이다.

**공부의 최종 목표는
'인간력'을 익히는 것**

사람은 자신의 특기 분야를 발견해 자신감을 얻음으로써 인정을 받고 나아가 성장하는 동물이다. 우리는 성장하기 위해 무엇인가를 익히면 다음 단계로 넘어간다. 그래서 또 한 가지를 익히면 그 다음 단계로 넘어가며 항상 진화를 거듭해야 한다. 그리고 그것이야말로 '얼라이언스 공부법'의 진정한 목적이다.

직장에서 중요한 지식은 결코 단답형이 아니다. '이 문제의 정답은 이것이다'라고 정해져 있는 시험공부와는 다르다. 게다가 세상과 기술의 진보와 함께 우리에게 필요한 지식도 초 단위로 변화하는 것이 오늘날의 현실이다. 결국 **우리가 최종적으로 익혀야 할 지식은 '어떤 상황에서도 자신을 성장시킬 수 있는 실전 중시의 방법론'이며, 공부는 그때그때 선택하는 수단 중 하나에 지나지 않는 것이다.**

일본에서는 기업의 순위를 매길 때 시가 총액이나 매출액 등의 지표를 많이 사용하지만 서양에서는 'the most respected company', 즉 '사람들에게 가장 존경받는 기업'이라는 순위를 매우 중요시한다. 이것은 개인도 마찬가지다. 여러 가지 지식을 익힌 다음 최종적으로는 그 지식으로 사회에 공헌하는 사람이 가장 높은 평가를 받는다.

우리가 최종적으로 익혀야 하는 것은 단순한 지식이나 능력이 아니라 사람들을 매료시키는 '인간력'이다. 그렇기 때문에 '다른 사람에게 배우는 것'이 '얼라이언스 공부법'의 기반이 되는 것이다.

고객이 진정으로 요구하는 서비스는 철저한 사용자 지향에서 탄생한다

나는 지금까지 다양한 사람들과 만나 많은 공부를 했다. 인복이 있다고 해도 과언은 아니다. 그중에서도 이미 소개한 니혼코교 은행 시절의 상사와 7년 반 동안 줄곧 함께 일한 나쓰노 다케시 씨, 도코모 i모드 전체를 총괄하던 에노키 게이이치 상무에게는 일의 본질에 대해 배웠다는 생각이 든다.

나쓰노 씨는 하이퍼넷이라는 벤처 기업의 부사장이었는데 마쓰나가 마리 씨가 도코모의 i모드를 위해 컨설턴트로 초빙했다. 그는 그 후 i모드의 전략 구축을 진두지휘해 온 우수하면서도 개성이 풍부한 사람이다. 그러나 나쓰노 씨는 내게 "나는 그저 당연한 일을 했을 뿐이야"라는 말을 자주 했다. **앞에서 이야기한**

GPS 서비스 검토 회의 때 나쓰노 씨가 한 발언도 그렇지만, '기술 만능주의'가 아니라 '정말로 이 서비스가 자신 혹은 사용자가 원하는 것인가?'라는 시각에서 생각하는 것이다. 기술자가 많은 NTT도코모에서 그와 같은 서비스 지향 혹은 마케팅 지향의 발상은 희귀한 존재였다.

나쓰노 씨는 대학에서 경제학을 전공한 문과 출신이지만 어렸을 때부터 컴퓨터를 좋아해 잡지 등을 통해 독학으로 공부했다고 한다. 나는 나쓰노 씨와 함께 고객을 면담할 때면 항상 그가 어떤 대답을 하는지 듣고 배웠다. 특히 기술과 인터넷에 대해서는 완전한 문외한인 내게 나쓰노 씨의 말 한마디 한마디는 그야말로 '가르침'이었다. 그 후 나는 고객과 면담을 할 때 '나쓰노 씨였으면 이렇게 대답했을까?'라는 시점에서 생각하고 말하게 되었다. 언제부터인가 말투까지 비슷하다는 말을 듣기도 한다. 이런 현상은 비단 나에게만 일어난 것이 아니다. 내 부하 직원도 내가 하는 말을 듣고 나처럼 말하며 생각하게 되었다.

i모드의 성공은 사실 이렇게 겉으로는 드러나지 않는 **'발상'과 '가치관'을 전체가 공유했기 때문일지도 모른다.** 어떤 문제가 생겨도 결코 '축'이 흔들리지 않기 때문이다. 그래서 이 서비스는 '돈이 될 것 같다'고 생각되어도 '정말로 많은 사용자

들이 즐겁게 이용해줄 것인가?'라는 관점에서 검토한 끝에 채용하지 않은 사례도 많았다.

그런 나쓰노 씨도 결국은 NTT도코모를 떠나게 됨으로써 한 시대가 막을 내렸다. 그러나 나쓰노 씨 등이 만든 i모드는 전 세계로 퍼졌으며, 무엇보다도 그 '철저한 서비스 지향적 발상'은 앞으로도 계속 살아 숨 쉴 것이다.

**매니지먼트의
진수를 가르쳐 준 한마디**
내가 에노키 게이이치 씨에게 배운 것은 무엇보다도 '사람에 대한 생각'과 '매니지먼트란 무엇인가?'였다. 이 책에서 소개한 '얼라이언스'라는 발상 자체도 생각해보면 에노키 씨에게 배운 바가 컸다는 생각이 든다.

당시 NTT도코모의 오보시 고지 사장이 '무엇인가 새로운 것을 하자'는 생각으로 도치기 지점에서 초빙해 온 사람이 에노키 씨였다. 에노키 씨는 초빙이 결정된 뒤 지인들의 연줄을 이용해 많은 이재異才들을 팀에 끌어들였다. 그리고 그 밑바탕에는 사람에 대한 확고한 생각이 있었다. 나는 어떤 외국 기업과 공동 프로젝트를 할 때 그 생각을 배울 수 있었다.

원래 그 프로젝트는 NTT도코모의 국제 비즈니스부에서 추진한 안건이었는데, 'i모드'와의 연계 서비스를 위해 관할이 i모드 부서로 넘어왔다. 그러나 그 프로젝트는 아쉽지만 향후 발전을 기대할 수 없는 상황이었다. 결국 에노키 씨와 나쓰노 씨는 그 프로젝트를 중지하고 해산해야 한다는 판단을 내리고 내게 그 외국 기업과 교섭하라는 지시를 내렸다.

니혼코교 은행 시절 오랫동안 외국 기업과 힘든 교섭을 수도 없이 해왔지만 그 교섭은 예상치 못한 방향으로 전개되었다. 교섭 결과 프로젝트 취소 자체는 상대 회사에서도 이해해줬는데, 계약서에 '프로젝트의 사장에게 소송을 제기하지 않겠다'라는 조항을 넣어주지 않겠다는 것이었다. 이렇게 외국과 공동 프로젝트를 하다가 해산이나 취소를 할 때는 그 후 여러 가지 약속 사항에 대해 상세하게 기재한 계약서를 작성하는데, 일반적으로는 이른바 면책 조건으로 '나중에 소송을 제기하지 않는다'는 조항이 들어간다. 그러나 상대방은 그 조항만큼은 넣지 않겠다고 완고하게 버텼다. 즉 '사장의 책임을 추궁해 사장 개인에 대해 소송을 제기할 가능성이 있다'는 것이었다. 그 사장은 외부에서 초빙한 우수한 사람으로, 물론 프로젝트의 취소가 그 사람만의 책임이라고는 생각하지 않는다. 다만 그 외국 기업으로서는 책임의 소재를 분명히 하고 싶었던 것일지도 모른다.

그러던 어느 날, 신문에 그 프로젝트가 취소되었다는 누설 기사가 실렸다. 이것은 상당히 곤란한 문제였다. 아직 아무것도 정해지지 않았는데 이런 기사가 나와버리면 교섭이 매우 불리해지기 때문이었다. 사내에서도 빨리 계약 교섭을 끝내라는 목소리가 높아졌다. 홍보부에서는 내게 "기업 이미지상 빨리 확실한 발표를 했으면 좋겠습니다. 조인은 언제 합니까?"라고 매일 같이 재촉했다. 그러다 보니 아직 합의점을 찾기도 전에 계약 조인 날짜가 결정되고 말았다. 크리스마스가 되기 전의 어느 날 아침 8시 30분이었다.

'이제 시간이 없다. 그러나 그 조항을 넣겠다는 합의를 도무지 해주지 않는다' 는 긴박한 상황이 계속되었다. 나는 그 외국 기업과 약 일주일 동안 거의 24시간 내내 한잠도 자지 않고 교섭을 계속했다. 그러나 조인식 당일 새벽 2시까지도 아무런 진전이 없었고, 눈앞이 캄캄해진 나는 한밤중에 에노키 씨의 집으로 전화를 걸었다.

"저쪽에서 사장을 상대로 소송을 걸 가능성이 제로는 아니지만 그밖의 쟁점은 모두 타협했습니다. 이미 신문에 누설도 되었고 앞으로 6시간 뒤면 조인을 해야 하니 이 조건으로 타협해도 되겠습니까?"

그런데 에노키 씨는 또렷한 목소리로 이렇게 대답했다.

"절대로 안 되네!"

그 말을 듣자 남은 시간이 얼마 안 남았다는 절박함에 초초함이 증폭되어 순간 의식이 멀어지려 했다. 그러나 에노키 씨는 계속해서 다음과 같이 말했다.

"만약 교섭이 결렬되어 저쪽에서 도코모라는 회사에 소송을 제기한다면 그건 어쩔 수 없어. 하지만 사장 개인을 소송에 휘말리게 할 수는 절대로 없네. 그 소송만으로도 그 사람의 인생은 끝장날지도 모른다고. 아무리 도코모의 평가가 떨어지는 결과를 가져온다 해도 개인의 인생은 무슨 일이 있어도 지켜줘야 하는 거야. 책임은 모두 내가 질 테니 그쪽에는 그것이 우리의 방침이라고 말해주게."

"알겠습니다. 그렇게 전하겠습니다."

전화를 끊고 나는 곧바로 떨리는 손으로 "요구는 받아들일 수 없습니다. 도코모는 이 교섭이 결렬되었음을 선언합니다"라는 취지의 이메일을 상대방에게 보낸 뒤 심신의 피로를 이기지 못하고 나도 모르게 잠이 들고 말았다.

아침 7시, 컴퓨터 앞에 엎드려 자고 있던 내 귀에 메일 한 통이 도착했다는 메시지가 들렸다.

"알겠소. 그쪽의 조건을 받아들이겠소."

나는 울먹이는 목소리로 에노키 씨에게 보고 전화를 걸었다. 그리고 예정대로 8시 반부터 프로젝트 취소 조인식을 열었다.

그 일주일은 내게 지옥과도 같은 나날이었지만 동시에 인생에서 가장 소중한 것을 배울 수 있었던 귀중한 경험이기도 했다. 에노키 씨의 그 한마디를 들었을 때는 내 마음속에 있던 온갖 나쁜 감정들은 말끔히 사라지고 '이 사람을 위해서라면 아무리 힘든 일이라도 다 해내겠어!' 라는 생각이 들었다. 사실 그런 생각을 한 사람은 나뿐이 아니었던 듯, 에노키 씨가 회사를 떠나게 되자 수백 명이 송별 파티에 참석했다.

에노키 씨의 '사람이 있기에 조직이 있을 수 있는 것이다' 라는 가장 소중한 가르침을 통해 나는 매니지먼트의 진수, 그리고 무엇보다도 '사람을 소중히 여긴다' 라는 인생의 본질을 배웠다. 내게 공부는 단순히 지식이나 자격을 습득하는 것이 아니라 이렇게 훌륭한 사람들과 같이 일하면서 '사고방식'과 '가치관', 그리고 '살아가는 법'을 배우는 것이기도 하다.

자신의 가능성을 넓히기 위한 목표에 한계는 필요 없다

지금은 돌아가신 내 아버지는 의대 교수였고, 누나도 역시 대학에서 교편을 잡고 있다. 그런 가정환경의 영향도 있어서 나는 어렸을 때부터 '대학 교수가 세상에서 최고'라는 교육을 받아 왔다. 그랬기 때문에 니혼코교 은행에 취직했을 때도 아버지는 크게 실망하셨다. 아버지에게는 내가 대학원에 가는 것이 전부였으며 그밖의 선택은 있을 수 없었다. 그런데 니혼코교 은행을 나와서는 NTT 도코모로 갔다가 그 다음에는 독립해 회사를 세웠으니, 지금쯤 천국에 계신 아버지는 화를 내다 못해 한숨을 쉬고 계실지도 모르겠다. 다만 인연이 닿았는지 현재는 미국과 일본의 대학원에서 학생들을 가르치는 일을 하고 있다. 니혼코교 은행이나 도코모에 있을 때는 예상도 하지 못했지만, 결과적으로는 내 의지로 여기까지 왔다고 생각한다.

많은 사람들은 '어떤 목적'을 위해 공부하며 '어떤 목적'을 위해 필요한 인맥을 만들려고 한다. 그러나 '얼라이언스'의 밑바탕에 있는 세계는 목적을 기준으로 상상할 수 있는 범위의 세계가 아니다. **공부함에 따라, 인맥이 구축됨에 따라 그 목적 자체가 점점 변화하거나 확대되고 진화하는 '발전성'이 있**

는 세계다. 시대는 '우뇌적 발상을 좌뇌적으로 실행할 수 있는 사람'을 요구하고 있다.

공부를 계속하면 목표와 꿈도 계속 변화한다. 따라서 한계 따위를 정해버리면 그 시점에서 성장은 멈추고 만다.

'얼라이언스'라는 방법을 터득한 뒤 나는 많은 사람들의 영향을 받으며 수많은 가치관에 자극받게 되었다. 그 결과 항상 내 예상을 훨씬 뛰어넘는 일이 일어났고, 앞으로 어떻게 될지 상상도 할 수 없었기 때문에 하루하루가 참을 수 없이 즐거웠다. 어쩌면 내일은 일자리를 잃고 방황할지도 모른다. 그러나 예측할 수 없기 때문에 인생이 재미있다고 생각한다.

지금 여러분이라는 사람이 존재하고 생활하며 활동하는 모든 것은 태어난 이래 여러분 스스로가 하루하루 결단하고 실천해 온 결과다. 앞으로도 자신감과 용기를 가지고 자신이 나아가야 할 길을 당당히 걸어가기 바란다.

Chapter 6

얼라이언스 커리어 상승법

자신의 상상을 뛰어넘는
'놀라운 커리어'를 손에 넣자

**계속되는 실패에는
반드시 이유가 있다**

'얼라이언스'의 기본은 뭐니 뭐니 해도 '고정관념'을 없애고 '남들의 도움을 받을 수 있는 사람'이 되는 것이다.

이것을 의식하게 된 뒤로 나는 각종 문제에 대해 어깨에서 힘을 빼고 자연체가 되어 '인생은 한 번밖에 없으니 내가 진정으로 믿는 일에 도전하자'라는 시점에서 바라보게 되었다. 모든 일을 자신이 끌어안으려 하지 않고, 또 동시에 다양한 가능성을 믿으며 일을 즐길 수 있게 된 것이다. 그 결과 경력과 수입도 상승했지만, 무엇보다도 내가 꿈에 그리던, 아니 그 이상의 인생을 손에 넣었다.

그러나 예전의 나는 실패와 좌절의 연속이었다. 미국에서 태어나 '칼'이라는 이름을 가졌으면서도 영어를 할 줄 몰라 괴롭힘을 당했다. 니혼코교 은행에 들어가서도 좀처럼 원하는 부서로 발령을 받지 못했다. 도코모에서도 부하 직원이라고는 고작한 명밖에 없는 과장으로서 제로부터 시작하는 신규 사업을 맡았다. 신용카드 전자지갑 휴대전화 프로젝트도 처음에는 카드회사들로부터 문전박대를 당했다.

이렇게 내 생각대로 움직여주지 않는 상황에 실망하면서도 나는 결코 포기하지 않고 스스로를 채찍질했다. 언제나 패자부활전으로 떨어지면서도 죽을힘을 다해 앞으로 나아갔기 때문에 지금의 내가 있을 수 있었다고 생각한다.

그러나 내가 그랬다고 해서 여러분에게 "그러니까 죽을힘을 다해 노력하시오! 노력만이 살 길이오!"라고 말하고 싶은 생각은 없다. 지금까지 실패를 거듭하면서 내가 배운 것이 있다면, **실패의 원인은 자기 자신이 멋대로 만들어낸 고정관념에 있다는 것이다.** 고정관념에 사로잡혀 '그렇다고는 해도 나는 못할 것 같아' '위험이 크니까 힘들겠지' '아무도 못했잖아?' '실패하면 어떡하지?'라는 불안감에 지배당하면 결국 실패를 부르게 된다. 또 그와는 반대로 너무 긍정적이 되려고 하다가 '이렇게 하면 잘되겠지' '노력하면 반드시 보답을 받을 수 있어' 같은 제멋대로의 믿음이 압박감으로 작용할 때도 있다.

만약 한 발 뒤로 물러나 주변의 시선으로 자신을 바라보면 스스로가 어떻게 비칠까? 아니면 여러분 주변에 그런 사람이 있다면 여러분은 어떻게 생각할까? "어차피 해도 안 될 텐데" "이렇게 노력하고 있는데 왜 이렇게 안 풀리지?"라고 불평하는 사람과 함께 일하고 싶은 기분이 들겠는가?

불안감도 긍정적인 생각도 너무 지나치면 운신의 폭을 좁혀버린다. 그리고 자신의 운신의 폭을 좁힐 뿐만 아니라 주위 사람들이 다가오지 못하게 벽을 쳐버린다. 그럴 때 여러분이 알아야 할 점은 '혼자서 고민하기보다 여럿이서 머리를 맞대고 생각하는 편이 큰 힘이 된다' 는 사실이다. 자신을 채찍질하며 혼자서 고군분투하기보다는 적극적으로 다른 사람에게 도움을 청하는 사람이 되는 편이 여러분도 주변 사람들도 행복해지는 길이다.

자신만을 위해 아무리 열심히 노력한다 해도 그 결과에 기뻐할 사람은 본인 한 명뿐이다. 그러나 비즈니스나 인생이나 고통과 결과를 함께 나눌 사람이 늘어날수록 기쁨도 그에 비례해 커지게 된다.

**자신이 플랫폼이 되면
세계가 넓어진다**

세상을 둘러보면, 예전에 나도 그러했지만 시선이 '자신에게만 고정된' 사람이 적지 않아 보인다. 지금까지 나는 벤처 사업에 뜻을 품거나 신규 사업을 시작하고 싶어 하는 사람들을 만날 기회가 많았다. 그런 야망을 품을 정도의 맹자猛者들이므로 대부분은 전문적인 지식이 풍부하고 특별한 기술을 지닌 우수한 사람들이다. 그런데 이야기를 들어보면 일이 잘 풀리지 않는 사람들은 대부분 이익을 자신이 독차지하려 해서 자기편을 잘 만들지 못했다.

'새로운 아이디어를 생각해냈어. 그러니 이걸 가지고 돈을 벌자' 라는 생각은 당연히 할 수 있다. 누구나 자신을 위해 일하고 있으며, 자신이 하는 일이 본인에게 이익을 가져다주지 못한다면 의미가 없다. 그러나 아무리 우수한 기술과 아이디어가 있어도 세상에서 그것을 필요로 하지 않는다면 단순한 자기만족에 불과하다. 그러므로 얼라이언스적인 발상으로 많은 사람들에게 "우리는 이런 기술과 아이디어를 가지고 이런 일을 하고 싶습니다. 함께 생각해보지 않겠습니까?"라며 세상에 퍼트리자. 공감하는 사람이 늘어날수록 그것은 세상에 필요한 존재가 된다.

이때 잊지 말아야 할 점이 있다. 그 기술이나 아이디어에 공감해 모여드는 사람들은 **그 기술이나 아이디어의 배경에 있는 '그것이 누구의 생활을 어떻게 향상시키는가' 라는 방향성에 매료된 것이라는 사실이다.**

실제로 아크로디아의 쓰쓰미 준야 사장은 자신이 가진 무기를 주위와 공유하면서 성장하고 있다. 그는 휴대전화의 유저 인터페이스를 자유롭게 바꿀 수 있는 소프트웨어 개발 회사를 창업해 불과 2년 만에 마더즈(Mothers, 1999년에 도쿄 증권 거래소에 신설된 시장. 성장 가능성이 높은 신기술 보유 기업의 상장을 목표로 한다. Market of the high-growth and emerging stocks의 약자—옮긴이)에 상장시키는 데 성공했다. 또 그는 뛰어난 기술자이면서 매우 우수한 경영자이기도 하다. 기술력을 살리기 위해서도 항상 시대의 흐름을 먼저 읽고 적극적으로 대기업과 얼라이언스를 전개했다. 그리고 외부에 우수한 기술자가 있으면 적극적으로 그들을 지원함으로써 항상 대기업에서는 불가능한 새로운 서비스를 창출했다.

애초에 벤처 사업이나 신규 사업은 결국 경쟁사가 나타나 같은 비즈니스를 시작할 가능성이 반드시 있다. 때로는 대기업에 아이디어를 도둑맞는 일도 있을지 모른다. 그러나 영원히 똑같은 것만 하면서 번영하는 회사는 이 세상 어디에도 없다. **중요한 점은 자신의 틀 안에 갇히지 않고 그 비즈니스를 항상**

빠르게 진화시키는 것이다. 그러기 위해서는 많은 사람을 만나 자신의 작은 세계를 넓히며 '누구와 손을 잡으면 내가 생각한 이 새로운 아이디어를 더욱 키울 수 있을까?' 를 항상 생각해야 한다. 자신을 기점으로 아이디어를 공유하고 키워나가는 플랫폼이 되는 것이 커리어 상승의 지름길인 것이다.

남들이 정해 놓은 틀에 갇혀서는 안 된다

그럴 마음만 있으면 우리는 어떤 커리어라도 만들 수 있다. 'i모드' 와 '전자지갑 휴대전화' 라는 커리어 때문인지 요즘은 나를 IT업계에서 잔뼈가 굵은 이과 출신으로 생각하는 사람이 많다. 그러나 나는 대학도 경제학부 출신이고 책 첫머리에서도 말했듯이 처음 도코모에 들어갔을 때는 기술적인 지식이라고는 눈곱만큼도 없었다. 그 분야에 대해서는 완전히 생초보라고 해도 과언이 아니었다.

그런데 생초보로서 다양한 프로젝트에 관여해 온 결과 알게 된 사실이 있다. 전문적인 기술이 있느냐 없느냐는 문제 이상으로 '그 기술로 무엇을 실현할 수 있을까?' '그것을 사용한 서비스를 정말로 사람들이 원하고 있을까?' 를 기본적으로 이해하고 있느냐가 중요하다는 점이다. 또 대학에서 이과를 나왔다고 해도, 설령 전문 과정을 공부했다 쳐도 학부만 놓고 보면 고작해야 2년이다. 사회인이 된 뒤에 매일 30분에서 1시간씩이라도 공부를 하면 그 정도 수준은 순식간에 따라잡을 수 있다. 기술은 하루가 다르게 진보한다. 20년 전에 공학부를 나왔다고 해도 그것만으로는 그다지 의미가 없다. 그런 마당에 이과 계열이냐 문과 계열이냐에 지나치게 연연하는 것도 결국은 '고정관념'이다.

실제로 내가 니혼코교 은행에 있었을 때 50세 정도의 행원이 한 분 있었는데, 그 분은 중국을 좋아해서 중국어를 처음부터 공부했다. 그리고 2, 3년이 지나자 자유자재로 중국어를 구사하게 되었다. 물론 그만큼 열심히 노력은 했을 것이다. 그러나 내가 하고 싶은 말은, 의외로 깨닫기 힘들기는 하지만 우리가 '불가능하다'고 생각하는 것 이상으로 '가능한 일'도 많다는 것이다. 가령 "추리 작가가 되고 싶은데 어차피 나는 무리야"라는 사람 중에 과연 한 권이라도 책을 써서 그것을 출판사에 가져가거나 블로그 등에서 발표해본 사람이 얼마나 있을까? 마음만 있다면 여러분은 작곡가도 될 수 있다. 물론 '반드시 될 수 있다'는 무책임한 말은 못 하지만, 어쨌든 '그렇게 되고 싶다' '그런 재능을 가지고 있다'고 사람들에게 계속 이야기하면 여기에서 얼라이언스가 만들어지는 것이다.

　분명히 말할 수 있는 것은, 생각을 행동으로 바꾸면 그 사람의 인생에 '새로운 무엇인가가 시작된다'는 사실이다. 결국 '불가능'의 가장 큰 이유는 '해보지 않았으니까'일지도 모른다. 새로운 옵션을 차례차례 만들어 나가면 가능성은 무한대로 확장된다.

자신의 가치관을 알고 앞으로 나아갈 때 진정한 승리자가 될 수 있다

어렸을 때부터 '좋은 학교에 들어간다'라는 가치관을 주입받으면 고등학교, 대학교에 진학한 뒤에는 그 목표가 '좋은 회사에 들어간다'로 바뀐다. 그리고 여기에 '남을 밟고서라도 승리자가 된다'는 목표가 추가되기도 한다.

　또 잡지에서 직장인을 대상으로 한 통계 등을 보면 '대부분의 사람들이 지금의 급료에 만족하고 있지 않다'고 한다. 이웃 사람에 비해 자신의 급료가 높은지 낮은지가 신경 쓰인다. 그렇다면 나는 좀 더 돈을 많이 버는 사람이 되어야 한다. 매출을 올리자, 커리어를 쌓자, 실적을 늘리자… 이런 방향으로 나아가게 된다.

내 지인 중에는 억만장자가 된 사람이 많다. 그들은 사는 데 아무런 불편함이 없을 만큼 돈을 가지고 있지만 그래도 돈을 더 갖고 싶다고 한다. "○○씨는 나보다 별장이 10배는 많으니까"라며 남들과 비교하고 남들보다 위에 올라서려는 욕망이 그들을 더욱 부추긴다. 세계 제일의 대부호인 워렌 버핏을 넘어설 때까지 그들의 욕망은 멈추지 않을지도 모른다(그런 워렌 버핏은 자산의 99%를 기부하고 있지만). 또 거시적인 관점에서 봐도 상장 기업들은 사분기 결산 등 단기적인 이익의 향상에 점점 매달리고 있다.

이것이 '얼라이언스'라는 공존공영의 사고방식이 아닌, 비즈니스와 인생을 경쟁으로 봤을 때의 가치관일 것이다. 말하자면 미국 자본주의의 사고방식에 완전히 물들어버린 것이다.

그러나 어차피 한 번밖에 없는 인생, 정말 그것이 행복일까?

내가 니혼코교 은행을 그만두고 도코모로 옮겼을 때, 한때는 연봉이 300만 엔 정도 줄어들었다. "그냥 니혼코교 은행에 다니는 게 낫지 않았어?" 많은 사람들이 이렇게 말했지만 나는 내 선택을 한 번도 후회하지 않았다. 내가 원한 것은 돈이나 지위 같이 세상에서 말하는 '승리자'가 추구하는 가치와는 달랐다. 물론 돈이 많고 지위가 높으면 당연히 좋기는 하다. 그러나 그것은 어디까지나 그 회사에서 자신의 시간을 팔고 그 대가로 받은 돈일 뿐이며 그 회사 안에서의 지위일 뿐이다. 실제로 '이 회사를 나가면 나는 할 수 있는 게 없어' 라고 생각하는 사람이 적지 않다. 한편 이직 면접에서 "저는 부장을 할 수 있습니다"라고 말해 면접관의 실소를 유발하는 사람도 많다고 들은 적이 있다.

물론 '가치관' 이나 '행복' 이라는 개념은 사람에 따라 다르다. 부자가 되는 것, 자신의 꿈을 실현하는 것, 사회에 공헌하는 것 등 다양한 가치관이 있다. **중요한 점은 지금 자신의 내부에 형성된 가치관이 진정으로 자신이 원하는 것인지, 자신이 나아가고 싶은 방향은 어느 쪽인지 곰곰이 되돌아보는 일 이다.** 그리고 자신을 되돌아본 결과 나는 일시적인 수입보다 커리어를 통해 자신의 꿈을 실현하고 일에서 보람을 느끼며 일을 통해 사회를 풍요롭게 만들고 싶다고 생각했다. 그래서 결국 은행보다도 입원 중인 어머니와 나를 이어준 은인이기도 한 휴대전화와 관련된 일을 선택한 것이다.

**정기적으로 방향성을 조정하면
돈이나 커리어는 자연스럽게 따라온다**

세계화의 시각에서 여러분 자신의 가치를 생각해 보면 어떻게 될까? 끝없이 이어져 있는 길 위에 있으면 분명히 안전하며 안심이 된다. 그런데 그 길이 여러분이 원하는 방향으로 이어져 있다면 문제가 없지만, 여러분이 가고 싶은 방향과 여러분을 둘러싼 환경이 반드시 일치하지는 않는다.

나는 정기적으로 나를 둘러싼 환경과 내가 생각하는 바, 원하는 바를 조정한다. **'지금 내가 원하는 일을 할 수 있는가?' 를 자신에게 물어보는 것이다. 만약 혼자서는 답이 나오지 않는다면 얼라이언스적인 발상으로 다른 사람에게 상담을 구하는 방법도 좋을 것이다.**

내가 독립을 생각했을 때도 반대하는 사람이 많았지만, 상담을 구한 두 명은 반드시 성공할 것이라며 찬성해줬다. 그 중 한 명은 이미지니어라는 회사의 가미쿠라 다카유키 회장이었다. 원래는 마쓰시타 정경숙에 있던 분인데, 지금은 기업이 상장되어 더 큰 도약을 이루었다. 그리고 또 한 명은 중국 법무의 일인자인 구로다 겐지라는 변호사다. 지금은 독립해서 커다란 사무소를 운영하고 있다. 이 두 사람과는 니혼코교 은행과 i모드라는 비즈니스를 통해 알게 된 사이지만, 지금은 비즈니스 관계를 뛰어넘어 내 인생에 커다란 영향을 줄 정도로 중요한 얼라이언스가 되었다. 아마도 '일이니까' 라든가 '돈이 안 되니까' 같은 발상으로 사람을 사귀었다면 절대 만나지 못했을 것이다.

다시 본론으로 돌아가자면, 이 두 사람과 상담한 뒤 내 머릿속에는 다음과 같은 생각이 스쳐 지나갔다. 이제는 회사라는 존재도 언제 도산하거나 매수 또는 합병을 당할지 아무도 모르는 시대가 되었다는 점이다. 그 위험은 혼자 힘으로는 쉽게 피할 수가 없다. 이렇게 **커리어상에서 일어나는 일에 미지수인 부분이 많다면 회사나 업무라는 틀을 초월해 다양한 사람들과 얼라이언스를 맺어 자신의 가치를 높여야 함을 확신했다.**

그 결과, 독립한 지금의 연 수입은 니혼코교 은행이나 도코모에 그냥 있을 때보다 몇 배로 늘었다. 그러나 그것은 중요치 않다. 니혼코교 은행이나 도코모에 있을 때부터 벤처 기업에 흥미가 있었으며, 대학에서 학생들을 가르친다는 아버지의 바람을 이루고 싶다는 생각이 내 마음 어딘가에 있었다. 또 '언젠가는 책을 쓰고 싶다'는 생각도 해왔다.

일단 길에서 벗어나자 정신적인 면에서나 수입적인 면에서나 안정감이 사라져 불안함을 느낄 때도 있었다. 그러나 줄곧 원했던 일이었고, 무엇보다도 전부터 꿈꾸던 것이 시간은 걸렸지만 우여곡절을 겪으며 조금씩 실현되었으며, 지금 내가 하고 있는 일이 진심으로 즐겁다. 이것이야말로 최고의 보수라고 생각한다.

기왕에 지금이라는 시간을 살고 있으니 여러분이라는 사람밖에 할 수 없는 일, 여러분이 진심으로 믿는 일, 행복할 것이라고 생각하는 일에 도전해봐야 하지 않을까? 여러분의 인생은 여러분이 결정하는 것이다.

여러분의 가치를 몇 배로 높이고 앞길을 밝게 여는 이직 방법

이미 종신 고용제도 한참 전에 붕괴된 지금, 독자 여러분 중에도 언젠가는 이직을 고려하고 있는 사람이 적지 않을 것이다. 지금까지 이야기한 것 중에 오해하지 말았으면 하는 점이 있는데, 얼라이언스라는 발상은 결코 이직이나 독립을 적극적으로 권하지는 않는다. 그러나 회사를 그만두고 싶다는 의지와 함께 '존경할 만한 선배나 경영진이 없다' '내가 성장하지 못한다' 는 두 가지 조건이 갖춰진다면 아무리 지금의 보수가 괜찮아도 이직을 생각해볼 수 있을 것이다. 반대로 급료는 낮아도 '존경할 만한 사람이나 경영진이 있다' 거나 '내가 성장할 수 있는 요인이 있다' 고 진심으로 믿는다면 적극적으로 이직을 고려할 필요는 없다. 내 경험상 이 두 가지 요인이 갖춰져 있으면 수입은 자연스럽게 따라오기 때문이다.

그러나 '일이 재미없다' '상사가 싫다' '동료와 마음이 맞지 않는다'와 같은 부정적인 요인으로 움직인다면 결국은 부정적인 기회만 찾아온다. 그래서 다음에 들어간 회사에서도 똑같은 문제에 직면하는 경우가 많다. '일이 재미없다'고 느껴진다면 먼저 '왜 그럴까?'라고 자신의 행동과 태도, 생각을 한 번 더 되돌아보기 바란다. 진정으로 주위로부터 인정을 받을 만한, 혹은 함께 일하고 싶다고 생각할 만한 행동이나 발언을 하고 실적을 올려 왔는가?

그렇다면 어떻게 해야 좋을까? 먼저 '자신이 재미있다고 생각하는' 방향으로 얼라이언스를 만들어보자. 상사가 싫고 동료가 싫다면 억지로 좋아하려고 노력할 필요는 없다. 같은 회사라도 마음에 드는 사람에게는 얼라이언스를 시도해본다. 그러면 지금까지 없었던 인맥과 환경이 만들어질지도 모른다. 이직 활동을 시작하기보다는 이쪽이 먼저가 아닐까 생각한다.

회사를 그만두고 싶다고 생각하는 사람을 보면 무엇보다도 '혼자서 고민하는' 귀중한 인생의 시간이 가장 아깝게 느껴진다. 사외 사람이나 신뢰할 수 있는 선배, 친구와 상담을 해야 한다. **그저 막연히 짜증을 참으면서 일하는 것은 여러분의 회**

사에나 여러분 자신에게나 커다란 손해라는 사실을 깨달아야 한다.

그렇게 해서 상담을 통해 얼라이언스를 확대해 나가면 결과적으로 인적 네트워크가 일을 가져다줄 때도 있다. '부탁 좀 해도 되겠나?' 와 같은 부업에 가까운 일에서 '우리 회사에 오지 않겠나?' 라는 헤드 헌팅까지 다양한데, 그 제안을 선택할지 말지는 둘째 치더라도 기회가 늘어남은 분명하다. 현재 내가 하는 일도 대부분 소개 또는 내 강의를 들은 사람의 의뢰를 통해 들어온다. 이 책을 쓰게 된 계기도 역시 소개였다. 다만 여러분이 회사에 갓 들어온 신참이라면 일을 알선해주는 사람이 없을지도 모른다. 그래도 얼라이언스가 넓어질수록 성장의 열쇠가 되는 사람이 들어오게 되고, 여러분을 포함해 얼라이언스에 관여하는 사람들도 성장할 것이다. **그렇게 해서 얼라이언스가 강화될수록 커리어를 상승시키고 확장할 기회는 얼마든지 늘어난다. 그리고 때로는 얼라이언스로 키운 인맥이 어떤 자격이나 실적보다 훨씬 강력한 수단이 되기도 한다.**

경력 상승을 생각할 때 여러분 편이 되어주는 것은 회사가 아니라 얼라이언스로 쌓은 사람들과의 신뢰다.

자신이 바뀌면 주위 사람들과
환경도 자연스럽게 바뀐다

우리가 항상 커리어를 향상시키려고 하는 이유는 지금 자신이 있는 회사와 타사 사람들을 포함해 '주위의 인정을 받고 싶기 때문'이다. 이를 위해 우리는 자신의 가치를 높이고 기술을 향상시키려 노력한다. 그것은 분명히 중요한 일이다. 그러나 **커리어 상승을 위한 얼라이언스에서 잊지 말아야 할 것은 단순히 '나를 인정받자'는 생각이 아니라 좀 더 '상대방을 인정하자'는 마음이다.** '나를 인정받자'는 것만이 동기인 사람은 타인이 인정해주지 않으면 크게 불만을 품는다. 그러나 사실 이는 타인을 인정하지 않기 때문에 자신도 인정받지 못하는 것이기도 하다. 이 점을 개선하지 않는 한 '많은 사람들에게 인정받는 사람'은 될 수 없다. 커리어를 잘 향상시키지 못하는 사람을 보면 대개 자신이 되고 싶은 것만 추구할 뿐 타인에 대한 배려가 부족하다.

그래서 나는 타인과 공동으로 일을 분담해서 할 때가 많다. 내게 들어온 일도 다른 사람 역시 할 수 있다고 판단되면 "함께 하지 않겠습니까?"라고 제안하고 이익을 반반으로 나눈다. 그밖에도 큰 일이 들어오면 믿을 수 있는 동료를 모아 되도록 함께 일한다. 상대방을 인정하고 이익을 나눔으로써 얼라이언스의 기회를 계속 넓히고 싶기 때문이다. 또 그렇게 하면 나 혼자서 돈을 버는 것 이상으로 많은 사람들에게 도움을 줄 수 있다. 반대로 한 번이라도 혼자서 이익을 독점하려 한다면 그 흐름은 중단되고 만다. 아무도 나와 함께 일하려고 하지 않게 될 것이다.

많은 사람을 돕는 사람은 그만큼 많은 사람들에게 도움받을 수 있는 사람이기도 하다. 그러므로 '자신의 이익'만 생각하기보다는 '주위 사람들을 위해서'라고 생각하는 편이 사실은 자신에게도 성공을 위한 지름길인 것이다. 늘어난 얼라이언스가 다시 기회를 증가시키고, 그 기회를 다시 다른 사람들과 나누면 기회는 또 몇 배로 불어난다. 생각만 해도 엄청나지 않은가? 누구나 그렇게 될 수 있는 가능성을 품고 있다. 설령 자신에게 능력이나 기술이 없어도 그 능력이나 기술을 가진 사람에게 도움을 받아 어떤 한 가지 일을 성취하는 것이 '얼라이언스'다.

의식을 조금만 바꾸면 되는 문제다. **주위를 바꾸려고 하지 말고 먼저 자신의 의식을 바꿔보자.** 그러는 과정에서 진정으로 자신이 하고 싶은 일을 발견하고 그것을 실현해 나가는 사람이 가장 행복한 사람이라고 생각한다.

여러분이 얼라이언스를 확대해 나가면 언젠가 그 얼라이언스에 나도 참여하게 될지도 모른다. 지금은 이 책을 통한 얼라이언스지만, 언젠가 여러분을 실제로 만나 많은 의견을 나누기를 고대하고 있다. 많은 사람이 이 얼라이언스라는 사고방식을 실천해 꿈을 실현하고 일본과 전 세계 사람들이 서로 도와 행복해지는 날이 오기를 간절히 기도한다. 그런 멋진 미래를 기대하며 그만 펜을 놓을까 한다. 지금까지 읽어주신 여러분에게 진심으로 감사의 인사를 올린다.

먼저 이 책을 끝까지 읽어주신 여러분에게 진심으로 감사의 마음을 전한다.

얼라이언스는 ① 자기 자신을 알고 ② 자신의 생각을 발신하며 ③ 상대방을 알고 ④ 상대방과 생각을 공유함으로써 '새로운 자신'을 발견하는 것이다. 때로는 자신의 생각대로 풀리지 않을 때도 있겠지만, 다양한 사람들과 만남으로써 상상을 초월한 또 다른 자신이 될 수 있다.

자신의 정보를 발신하는 것은 최근 이른바 Web2. 0의 세계가 펼쳐지는 가운데 블로그나 SNS 등을 통해 매우 친근하고 간단한 일이 되었다. 물론 현실 세계에서도 이업종 교류회나 같은 업계의 세미나 등 많은 기회가 생겼다. 이처럼 사람과 사람이 만날 기회를 적극적으로 활용하자. 나도 SNS가 계기가 되어 유명한 텔레비전 프로듀서인 요시다 마사키 씨와 알게 되었고, 지금은 여기저기 숨어 있는 맛집을 찾아다니는 새로운 즐거움도 생겼다. 얼라이언스를 통해 상상도 못했던 사람들과 만날 수 있는 것이다. 그런 기회가 생긴다면 부디 이 책에서 설명한 각종 얼라이언스 발상을 활용해 그 즐거움을 맛보기 바란다.

책을 쓰지 않겠느냐는 이야기는 도코모에 있을 때부터 들어왔다. 그러나 책을 쓴다면 내 경험을 통해 배운 바를 되도록 있는 그대로 쓰고 싶었기 때문에 독립한 다음에 쓰기로 마음먹었다. 그리고 이번에 반다이 네트웍스의 오시타 사토시 사장의 소개로 이 책의 집필이 실현되었다. 이 역시 얼라이언스의 결과다.

애초에 내가 책을 쓰고 싶다는 생각을 한 계기는 돌아가신 어머니가 쓰신 《귀국 자녀의 어머니의 발자취歸國子女の母の軌跡(히라노 리에코, 긴다이분게이샤)》라는 책이었다. 이 책은 어머니가 생전에 쓰신 원고를 돌아가신 아버지가 편집해 출판한 것이다. 출판한 지 13년이나 지났지만 지금도 팔리는 모양으로, 듣기로는 외국의 일본인 학교나 도서관에도 있다고 한다. 그때 나는 설사 내 생명이 다해 이 세상을 떠나더라도 세계 어딘가에서 내가 쓴

책을 읽고 조금이라도 용기를 얻는 사람이 있다면 정말로 멋진 일일 것이라고 생각했다. 어머니의 책은 다큐멘터리이기 때문에 가족인 나로서는 창피한 생각도 든다. 이 책은 1960년대에 프로펠러 비행기를 타고 미국의 대학에서 교편을 잡은 아버지를 쫓아 어머니와 어린 아이들이 미국으로 향하는 장면부터 시작된다. 최근 영화 등의 영향으로 당시의 생활상 등이 화제가 되고 있는데, 그 무렵에 미국에서 살았던 일본인은 정말로 드물었다. 문화의 차이와 언어의 벽 등 다양한 장벽을 뛰어넘으며 일본인이 외국에서 살아가기란 상상할 수 없을 만큼 어려운 일이었다. 책에는 그런 어려움을 우리 가족이 끈끈한 정으로 즐겁게 헤쳐 나가는 모습이 기록되어 있다.

서적 사이트에 가보면 그 책을 읽은 사람들이 남긴 감상을 볼 수 있다. 이 책도 어머니의 책처럼 많은 사람들의 인생을 조금이라도 즐겁고 풍요롭게 만들기를 바라 마지않는다. 몇십 년이 지난 뒤에도 어딘가에서 누군가가 내 책을 읽고 기운을 되찾는다면 그보다 기쁜 일은 없을 것이다.

마지막으로, 지금의 내가 있을 수 있도록 도와주신 많은 분들께 깊은 감사를 드리고자 한다. 특히 도코모 시절의 동료와 부하 직원인 마에다 씨와 야마구치 씨, 하라다 씨, 카자미 씨, 후세 씨, 이네코 씨, 야마모토 씨, 후지시로 씨, 하마사키 씨, 다하라 씨, 이로카와 씨, 노구치 씨, 우카와 씨, 반 씨, 다카하시 씨, 아마치 씨 등. 시에이모바일의 사와다 씨, 니헤이 씨, 구로다 씨, 이노우에 씨, 사쿠마 씨, 간다 씨, 다나카 씨, 곽 씨. 오키나와 대학의 요시카와 히로야 선생님, 소니의 오사무라 데쓰지 씨, FeliCa Networks의 마루코 슈사쿠 씨, JR동일본의 도미타 데쓰로 씨, 오가타 마사키 씨, 미나미 요이치 씨, 다나베 시게루 씨. 그밖에도 여기에서는 다 소개할 수 없을 만큼 많은 분들에게 지금의 내가 있을 수 있도록 이끌어주신 데 깊은 감사의 마음을 전한다.

처음 책을 쓰는 나에게 친절하게 지도해주신 고마북스의 가와카미 사토시 씨와 나카가와 가오 씨, 가쓰키 노보루 씨, 그리고 지금 함께 일하고 있는 안드레이 학주 박사와 후쿠나가 미쓰토시 씨, 요시이 유타카 씨, 구로사와 다케시 씨 등 많은 분들에게도 진심으로 감사의 마음을 전한다.

2008년 6월 분쿄구 혼고의 자택에서

히라노 아쓰시 칼

얼라이언스

초판 1쇄 펴낸 날 2009. 1. 9

지은이 히라노 아쓰시 칼
옮긴이 김정환
발행인 홍정우
편집인 민현선
디자인 공 회
발행처 브레인스토어
등록 2007년 11월 30일 (제313-2007-000238호)
주소 (121-841)서울시 마포구 서교동 465-11 동진빌딩 3층
전화 (02)3275-2915~7
팩스 (02)3275-2918
이메일 brainstore@chol.com

ISBN 978-89-960508-5-8(03320)
한국어출판권 ⓒ 브레인스토어, 2009